Elo

MW01230165

"La manera en que vivimos en este mundo, sin esperanza, y pensando que todo trata acerca de nosotros, Dr. Tom Wood ofrece una mirada a la Gracia Vital que cambia y tiene el poder de hacernos nuevos. Dr. Tom Wood dice: 'Necesitamos saber que la gracia de Dios es real, profunda y dada gratuitamente, no por algo bueno en nosotros, sino porque Él *es* amor' Este libro necesita ser leído por todos, para experimentar el disfrute y la realidad a través de sus páginas."

Rev. JOSE LLAMAS

Lead Pastor Calvary Chapel Español, Coconut Creek, Florida

"Tom Wood aclara que Dios a través de su maravillosa gracia va más allá del glorioso perdón de nuestros pecados para dar una vida transformada, un nuevo corazón con nuevas estructuras de motivación para amar a Dios y al prójimo y un poder para hacerlo. Estos incluyen el arrepentimiento gozoso, la fe continua y la obediencia sincera a Cristo. Recuerda, obtienes todo esto a través del favor inmerecido de Dios. ¡Gracia vital, todo por nada!"

-Dr. J. ALLEN THOMPSON

Estadista misionero/Emérito

"Este libro ofrece un refrescante recordatorio de la verdadera libertad que Cristo compró por nosotros. *Gracia Vital* le ayudará a florecer y no a tambalearse a medida que comprende mejor y camina en la gracia gratuita de Dios. Tom da ilustraciones atractivas y explica el evangelio en 3D de una manera que resonará con usted. Le animo a leer este libro y a aplicar los principios bíblicos. No se arrepentirá."

-Dr. RAY GENTRY, Presidente/CEO, Conferencia Bautista del Sur de Líderes Asociativos (SBCAL)

"Con el corazón y el tono de un pastor, el Dr. Tom Wood penetra en una atmósfera cultural en la que la gracia de Dios se malinterpreta con demasiada frecuencia, se tergiversa e incluso se abusa de ella. *Gracia vital* despliega el misterio y la majestuosidad de la gracia y la verdad y está impregnado de la sabiduría práctica de un líder experimentado. El resultado es un recurso oportuno que tiene el potencial de transformar a cualquiera que desee guiar a otros -y ser guiado- hacia las riquezas más profundas de la gracia vital de Dios."

-Karen A. ELLIS

Director, Centro Edmiston para el Estudio de la Biblia y la Etnicidad

"El Dr. Wood ha escrito un libro oportuno que va directo al corazón de nuestras vidas cristianas y a la motivación del caminar del cristiano con el Señor. En un mundo al revés, nos devuelve a la vitalidad de la gracia, recordándonos que la gracia no es sólo el mecanismo por el que somos salvos, sino que la gracia es también el motor de la vida cristiana. Mi corazón estalló en acción de gracias ante este recordatorio tan necesario."

-Dr. IKE REEDER

Presidente, Seminario Teológico de Birmingham

"El Dr. Tom Wood nos ha hecho un regalo con *Gracia Vital*. Su mirada inquebrantable a nuestros desafíos actuales a la luz de una esperanza que nuestra cultura no puede dar me mantuvo pasando cada página. Este libro es un ganador y necesita ser leído por cualquiera que sea serio acerca de profundizar en su caminar con Cristo."

-Rev. DAVID Whitehead

Director de City To City, Global; autor de *Making Sense of the Bible*

"Extrayendo de las profundas y preciosas vetas de las Escrituras, Tom Wood traza un cuadro polifacético de la gracia. Utilizando poderosos testimonios e ilustraciones, demuestra que la gracia no es un ungüento unidimensional que nos calma en nuestro pecado, sino más bien una gracia rica y con muchos matices que surge del santo amor de Dios en Cristo. La verdadera gracia es costosa, siempre nos mueve al arrepentimiento y nos impulsa a una vida de discipulado consagrado."

-Rev. JOHN Smed

Autora de *Prayer Revolution*; directora fundadora de Prayer Current

GRACIA *vital*

CONSEGUIRLO TODO A CAMBIO DE NADA

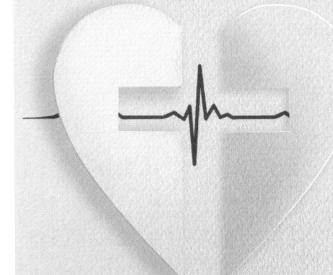

TOM WOOD

CO-AUTHOR OF GOSPEL COACH

ISBN: 979-8-9889458-0-2

Contenido

Agradcimientos

Nadie obtiene la gracia vital por sí mismo. Obviamente, Dios el Espíritu Santo es la primera Causa de la gracia en la vida. El método de Dios de formar a su pueblo por gracia como su pueblo, sin embargo, es una segunda causa. A lo largo de mi vida, he recibido la gracia de mentores, maestros, amigos y colegas que me han enseñado, tanto de palabra como con la vida, lo que es la gracia vital, por lo que quiero dar las gracias sólo a algunos de ellos.

El Dr. Steve Brown me contagió profundamente la gracia y durante más de cuarenta años ha dispensado gracia en su enseñanza y en nuestra amistad personal. Mi esposa y mis hijas también se lo agradecen.

El Dr. Bill Crabb me dio un paradigma y me instruyó en la aplicación de la gracia hace unos treinta y cinco años. Él experimentó la "gloria completa" hace muchos años, pero tuvo tanta influencia en nuestra corta amistad.

Steven Curtis Chapman (a través de una amistad mutua con Scotty Smith), a quien sólo he visto dos veces, me ha enseñado mucho de la gracia de Dios a través de su música y su historia.

El Dr. J. Allen Thompson, un hombre de gran humildad y sabia espiritualidad, ha pasado horas de su vida guiando, enseñando, amando, animando e invirtiendo en mi vida. Su amistad me ha cambiado.

Mi colega y amigo el Rvdo. Jim Moon Jr., un hombre de muchos talentos, un entrenador y formador evangélico excepcional.

John Smed, un amigo que es "más cercano que un hermano" y con quien he pasado los últimos veinticinco años discutiendo, argumentando y rezando juntos el Evangelio.

Gracias a los muchos amigos que han prestado un apoyo significativo a lo largo de los años a la misión de CMM, Inc. que ahora tiene una huella global de influencia evangélica. Yo no habría sido capaz de hacer todo lo que hemos sido parte de sin su amistad.

Gracias, Rick y Barb, Shaun y Kathy, Greg y Debra, Kris y Cindy, Gary y Barbara, Sam y Sarah, Mike y Sherrie, Rich y Donna, Lee y Ginny, Rick y Pam, Humberto y Shannon, Lundy y Kit, Clark y Martha, Allen y Cecilia, Stan y Lori, y los muchos negocios, fundaciones caritativas, e iglesias que se han asociado conmigo estos muchos años. Ustedes han sobresalido en la gracia de dar y han demostrado un carácter de generosidad para que en todo el mundo el evangelio crezca y se multiplique.

A Rachel, mi mejor amiga en este mundo necesitado de renovación, que me muestra lo que es la gracia cada día. Te quiero.

Muchas gracias a Julie Carter, una escritora experta, que se encargó de la producción, los textos, el libro y la portada. Todo lo que escribo pasa por ella.

Ginger Kolbaba, cuyos dones como editora han hecho de éste un libro mucho mejor que cuando empezó. Ella es "todo eso".

Capítulo 1
La vitalidad de la gracia

Gracia es una palabra de importancia central:
la palabra clave del cristianismo.

-J. I. Packer

Soy un *veterano*. En el ejército eso significaría que he elegido una carrera para servir y proteger la vida y la libertad de mis compatriotas. Si fuera un convicto, significaría que he sido condenado a vivir el resto de mi vida en prisión. Pero lo que quiero decir que he pasado toda mi vida en la iglesia. Nací en una familia "de iglesia" en la que mis padres estaban interesados en que mis hermanos y yo recibiéramos una buena educación cristiana. La mayor parte de mi vida como cristiano se ha basado en la gracia de Dios, pero no siempre ha sido así.

Cuando era pequeño, asistíamos todos los domingos a la escuela dominical y a los servicios de la iglesia. Por lo general, nuestros veranos incluían la escuela bíblica en vacaciones, campamentos cristianos, clubes bíblicos en el patio trasero u otros eventos serios de la iglesia. Yo cantaba la canción "Esta lucecita mía" mucho antes de tener una lucecita. Aprendimos las historias de Adán y Eva comiendo la manzana, el bebé Moisés acostado en la cesta, los israelitas

cruzando el Mar Rojo, David matando a Goliat,
Daniel siendo arrojado al foso de los leones, Jonás siendo tragado
por una ballena, Jesús alimentando a los cinco mil y Jesús caminando
sobre el agua.

Cuando me hice mayor, fui a un instituto cristiano y tenía clase
de Biblia todas las semanas. Memoricé versículos bíblicos, esquemas
y temas. Aprendimos que la Biblia tenía sesenta y seis libros (treinta
y nueve en el Antiguo Testamento y veintisiete en el Nuevo) y que
había sido escrita a lo largo de más de mil cuatrocientos años, en tres
continentes distintos, por más de cuarenta autores diferentes y en al
menos tres idiomas distintos.

Con el tiempo, me gradué en una universidad cristiana donde
estudié la Biblia más a fondo. Como he dicho, soy un *veterano*.

Sin embargo, el objetivo de todos esos años parecía ser
convertirme en un "buen chico" y, algún día, en una persona
moralmente recta. Debía esforzarme por ser un hijo obediente, una
buena pareja, un ciudadano educado, un líder servidor y, finalmente,
un marido cariñoso y un buen padre. Los estudios bíblicos a los que
asistía eran esencialmente lecciones morales para estructurar la vida.
Los sermones eran lecciones morales de la Biblia con estrategias
para controlar el pecado.

Aunque no recuerdo que nadie lo dijera exactamente así, el
mensaje que "oí" fue: *Eres un pecador, así que acepta a Jesús como
tu Salvador. Una vez que lo haces, tienes que esforzarte por
obedecer los caminos de Dios porque no quieres hacer infeliz a
Dios.* De hecho, la única manera de tener una vida bendecida y feliz

era esforzarse por obedecer los mandamientos que Dios tenía para nosotros. Debíamos "confiar y obedecer, porque no hay otra manera de ser felices en Jesús".[1]

A principios de mis veinte años, aunque tenía las palabras de gracia y conocía la gracia de Dios, empecé a escuchar los hermosos sonidos en la música de la gracia gratuita de Dios. Un movimiento de gracia comenzó en mi corazón, y esa gracia se convirtió en el antídoto para vivir una vida moralmente restringida en la verdadera espiritualidad. La gracia no era un "contrapeso" a las normas. No era una invitación a liberarme de las normas, pero me hizo libre. Libre para disfrutar de la vida con Dios.

La música llegó a mí a través de escritores como Francis Schaeffer, Steve Brown, J. I. Packer, Chuck Swindoll, Jack Miller y Philip Yancey, quienes publicaron libros sobre un evangelio de la gracia que presentaba una visión radicalmente diferente de Dios y Su gracia a todo lo que me habían enseñado.

En el libro *¿Qué tiene de asombroso la gracia?*, Yancey señalaba: "La Iglesia, dice Robert Farrar Capon, 'ha pasado tanto tiempo inculcándonos el miedo a cometer errores que nos ha convertido en estudiantes de piano mal enseñados; tocamos nuestras canciones, pero nunca las escuchamos realmente porque nuestra principal preocupación no es hacer música, sino evitar alguna metedura de pata que nos meta en [problemas]'. Ahora he escuchado los acordes de la gracia, y me aflijo por mis amigos que no lo han hecho".[2] Eso era exactamente lo que yo sentía.

La gracia fue algo nuevo que me cambió la vida. Vivir según las normas de comportamiento simplificaba la vida en cierto sentido. O tenía razón o me equivocaba. Pero la libertad puede ser peligrosa, porque la gracia lo cambia todo. Y yo estaba en un nuevo viaje hacia esa gracia libre, un viaje en el que llevo ya más de cuarenta años. Y es poderosamente vivificante.

Como escribió el inicial reformador Martín Lutero: "Yo mismo he estado predicando y cultivando [el evangelio de la gracia] mediante la lectura y la escritura durante casi veinte años y todavía siento la vieja suciedad aferrada de querer tratar así con Dios para poder aportar algo a fin de que Él me conceda su gracia a cambio de mi santidad."[3] Qué verdad. Qué asombrosa gracia vital.

Una gracia que todos necesitamos cada día no es una cosa; se encuentra en quien la da, Dios mismo.

La Gracia se Escapa

No importa cuántas veces hayamos escuchado la Buena Nueva del amor misericordioso de Dios que se nos ha dado gratuitamente a través de Jesucristo, se nos escapa, y lo olvidamos y caemos en el error de tratar de encontrar la vida por nuestra cuenta. Buscamos erróneamente nuestras propias maneras de hacer que la vida funcione. Entonces escuchamos una canción, un sermón, un pasaje de la Biblia, o experimentamos una tragedia y somos "agraciados de nuevo" con la vitalidad de la gracia de Dios. No quiero decir que nos salvemos de nuevo, sino que experimentamos lo que dice el escritor de Hebreos: "Conviene que el corazón sea fortalecido por la gracia,"

(Hebreos 13:9), no esforzándonos por hacerlo bien a través de nuestras prisas o ambivalencias o dándonos por vencidos a causa de nuestra desesperación por la vergüenza.

En Gálatas 2:11-14, vemos que el apóstol Pedro y el respetado misionero Bernabé se encontraron con una iglesia llena de no judíos que estaban encantados con Cristo y con la nueva libertad que la gracia había traído a sus vidas. Esta iglesia no seguía los códigos judíos, lo que les molestaba. Pedro y Bernabé olvidaron lo que la gracia había hecho y volvieron a su enfoque moralista, orientado a las obras, para ser correctos y aceptables ante Dios y los hombres. Como resultado, practicaron el prejuicio racial hacia sus hermanos y hermanas en Cristo. Cuando Pablo se enteró de esto, les reprendió cara a cara y les dijo que por miedo no estaban actuando "rectamente, como corresponde a la integridad del evangelio" (v. 14). Si la gracia salvadora de Dios puede filtrarse de un apóstol que había estado con Jesús y de un gran líder como Bernabé, haciéndoles vivir desde de su carne, ciertamente puede filtrarse de nosotros. Es una de las razones por las que el escritor de Hebreos advirtió: "Por eso es necesario que prestemos más atención a lo que hemos oído, no sea que perdamos el rumbo" (2:1).

La cultura pop ha infectado e influido profundamente en la Iglesia norteamericana de muchas maneras que desconocemos por completo. Los cristianos comprometidos se encuentran con que, cuando sus hijos vuelven de la universidad, han abandonado la fe cristiana y la han sustituido por otra.

Mi amigo Gary lloraba desconsoladamente por su hija Melissa, que había vuelto a casa tras su primer año en su alma mater. Estaba muy orgulloso de que la hubieran aceptado. Quería oír cómo se había aprendido los cánticos universitarios y lo mucho que había disfrutado de los legendarios partidos de fútbol americano y de su ingreso en la hermandad. Cuando se acercó el domingo, Melissa les dijo a sus padres que no quería ir con ellos a la iglesia y les comunicó con valentía que ya no creía en Dios. No quería discutir por ello, pero había abandonado los años de su amorosa y piadosa guía. Ellos habían orado y le habían enseñado sobre Dios, Cristo, la misión y el amor a los demás. Pero ahora creía en algo diferente.

Como Melissa, otros miles se sientan bajo profesores que son "evangelistas misioneros" de la *deconstrucción* del cristianismo y de la civilización occidental (porque está fundada en creencias judeocristianas). No es de extrañar, ya que Jesús predijo el día en que descubriríamos que el mundo nos odia porque le odió a él primero (véase Juan 15:18-19). Se nos ha advertido que no amemos el sistema de este mundo y que no permitamos que nuestros corazones y mentes sean presionados en su molde. Sin embargo, miles de personas están siendo presionadas regularmente en el molde de la cultura. ¿Cómo podemos combatirlo? ¿Cómo evitamos que la gracia se escape? Comprendiendo y practicando la *gracia vital*.

¿Qué es la Gracia Vital?

Imparto regularmente una clase de formación como Mentor del Evangelio. Cuando pido a los participantes que se dirijan a la persona que tienen al lado y le expliquen el Evangelio en un minuto, la sala estalla en una animada actividad. Al final del tiempo, pregunto: "¿A cuántos de ustedes les dieron una definición limitada?". No se levanta ninguna mano. Luego pregunto: "¿Cuántos de ustedes escucharon una historia?". Suben todas las manos. Esto sucede porque el evangelio de la gracia es Buena Noticia y, en su forma verbal, *evangelio* significa simplemente anunciar buenas noticias. En tiempos bíblicos, *evangelio* era una palabra utilizada para describir las acciones o acontecimientos (una historia de sus acciones) que el emperador romano había llevado a cabo para el bienestar de su mundo.

Los escritores del Nuevo Testamento cooptaron la palabra para anunciar la gran acción que el verdadero Emperador había realizado por el mundo. De ahí que los Evangelios de Mateo, Marcos, Lucas y Juan cuenten la historia de Jesús, anunciando la Buena Nueva de quién es y lo que ha hecho.

Pero para nosotros, ¿qué significa tener la gracia *vital*? ¿Cuál es el evangelio de la gracia al que me refiero? ¿Es sólo un relato de la Buena Nueva que debemos conocer? Muchos excelentes predicadores y escritores han abordado el tema. En *Dios es el Evangelio*, John Piper escribió: "El Evangelio cristiano no es meramente que Jesús murió y resucitó; y no meramente que estos acontecimientos aplacan la ira de Dios, perdonan el pecado y justifican a los pecadores; y no meramente que esta redención nos saca del infierno y nos lleva al cielo; sino que nos llevan a la gloria de Dios en el rostro de Jesucristo como nuestro supremo tesoro que todo lo satisface".[4]

Básicamente, el evangelio significa simplemente una historia de buenas noticias, malas noticias y muy buenas noticias. En la Biblia, el evangelio de la gracia se utiliza para referirse a la historia de que Dios hizo a los humanos y, para hacer frente a la ruina que los humanos se trajeron a sí mismos y a la creación, envió a su Hijo, Jesucristo, quien, mediante su vida, muerte,
resurrección y ascensión, rescató plena y completamente a su pueblo y renovará su planeta desbocado. Esta historia de buenas noticias, malas noticias y muy buenas noticias tiene implicaciones prácticas para la vida. El punto de partida para comprender la vitalidad de la gracia para nosotros es Dios, no nosotros. Pero algo ha ido terriblemente mal. La vida no es como sentimos que debería ser.

La película de 2004 *La aldea,* escrita y dirigida por M. Night Shyamalan, cuenta la historia de un grupo de familias que se trasladan a una reserva natural protegida después de sus respectivas tragedias y como escapan de la gente malvada del mundo malvado. Los adultos deciden recrear un pueblo de finales de los años mil novecientos y criar a sus hijos, que no saben en qué año están. Las familias intentan llevar una vida sencilla, apartada del mal. Sin embargo, los habitantes del pueblo sufrían de miedo, discapacidades físicas, dolor, envidia, lujuria, odio e intentos de asesinato. Un triángulo amoroso entre dos hombres, Noah y Lucius, y una joven ciega, Ivy, acaba mal. En un ataque de celos, Noah apuñala a Lucius, intentando matarlo. Lucius necesita asistencia médica, así que Ivy sale del pueblo en busca de ayuda. Siguiendo las instrucciones de su padre, consigue salir del bosque y llegar a los "pueblos". Sin

embargo, hacia el final de la película, descubrimos que el verdadero
año es 2004, y el equipo de seguridad de la finca del abuelo de Ivy
vigila el coto.

Uno de los puntos de la película era que, por mucho que nos
esforcemos en crear un "entorno libre de pecado" con gente "buena",
la cosa se pondrá fea, porque somos personas arruinadas
internamente, y llevamos nuestro quebrantamiento y lo transmitimos
a la siguiente generación. Esta verdad va en contra de la historia de
nuestra generación: que todos nacemos básicamente buenos de
corazón, y que la sociedad nos corrompe. Puede que nos
encontremos en un momento cultural en el que se está produciendo
un cambio desde la visión tradicional de la religión y la vida cristiana
en una forma de rectitud basada en las obras/obediencia hacia una
forma de vida inconformista, sin reglas que seguir, porque "Dios me
ama tal como soy" y porque ya hemos nacido "bien". ¿Se sigue
aplicando la gracia de Dios a este nuevo mundo sin reglas?

El apóstol Pablo ofreció una explicación clara y concisa del
mensaje de la gracia en su primera carta a los cristianos de la iglesia
de Corinto:

Ahora, hermanos, quiero recordarles el evangelio que les prediqué, el
mismo que recibieron y en el cual se mantienen firmes. Mediante
este evangelio son salvos, si se aferran a la palabra que les prediqué.
De otro modo, habrán creído en vano. Porque ante todo les transmití
a ustedes lo que *yo mismo recibí*: que Cristo murió por nuestros
pecados según las Escrituras, que fue sepultado, que resucitó al tercer
día según las Escrituras (1 Corintios 15:1-4, énfasis añadido)

El mensaje de la gracia es de "primera importancia". A los creyentes de la iglesia de Gálatas, Pablo les advirtió que si alguien enseñaba un evangelio que no fuera por gracia, que cayera bajo la maldición de Dios (véase Gálatas 1:9). ¿Por qué? Porque las Buenas Nuevas, el evangelio, solo es bueno y poderoso si es por gracia. Note que, Pablo escribió que Cristo murió por nuestros pecados, "según las Escrituras". La Escritura es la autoridad. ¿Qué Escritura? Escribió esta carta unos veinte años después de la ascensión de Cristo mientras pastoreaba en Éfeso. Él ya había escrito a los creyentes en Galacia diez años antes, declarando, "La Escritura, habiendo previsto que Dios justificaría... por la fe a las naciones, anunció de antemano el evangelio a Abraham... Por medio de ti serán bendecidas todas las naciones. Así que los que viven por la fe son bendecidos junto con Abraham, el hombre de fe". (Gálatas 3:7-9).

¿Qué quería decir Pablo con que Cristo murió y resucitó al tercer día "según las Escrituras"? Se refería al Antiguo Testamento. Por supuesto, esto nos lleva a la pregunta, ¿qué enseñaba el Antiguo Testamento sobre el evangelio de la gracia? Exploraremos eso con más detalle en el capítulo 4.

Pero por ahora, está claro que la Biblia es la autoridad en el tema de la gracia vital. Las Escrituras hablan por Dios.

Jesús, después de Su resurrección, dijo a dos de Sus seguidores que caminaban por el camino de Emaús: "¡Cuánta tardanza en creer todo lo que han dicho los profetas!" (Lucas 24:25). Así que repasó las Escrituras (el Antiguo Testamento) y les mostró y explicó todo lo que estaba escrito acerca de Él. "Cuando todavía estaba yo con ustedes, les decía que tenía que cumplirse todo lo que está escrito

acerca de mí en la ley de Moisés, en los profetas y en los Salmos".
Entonces Jesús "les abrió el entendimiento para que pudieran
comprender las Escrituras".
(Lucas 24:44-45).

Cada día recorro mi propio camino de Emaús. Como ellos, soy
lento de corazón para creer en la gracia de Dios. A ti y a mí nos
costará mucho cultivar una vida rica y plena sin conocer la naturaleza
vital de la gracia. Pero como ellos, Jesús mismo, a través de Su
Espíritu, nos recuerda Su *chesed* (Su misericordia-amor) que nos ha
dado gratuitamente. Cuando la gracia es el centro, nos mantendremos
libres de convertirnos en un moralista pragmático o en un dogmático
autocomplaciente.

¿Cuánto *necesitamos realmente a* Jesús?

Si como yo, naciste y creciste en una familia de la iglesia que
cantaba canciones cristianas, iba a la iglesia de los niños y/o asistía a
una escuela cristiana, es posible que no recuerdes un tiempo en el
que no supieras de Jesús. Nunca fuiste un "miserable pecador" como
un conductor ebrio, drogadicto, pervertido sexual o asesino. Nunca
fuiste tan "malo" como para necesitar a Jesús. De hecho, te
enseñaron que eras básicamente un buen chico, pero eras un pecador,
así que, si se lo pedías a Jesús, Él compensaría tu pecado. Te han
enseñado toda tu vida que valías tanto que Jesús murió por ti.

Para ilustrarlo, permítanme compartir una historia real de mi
época como pastor en una iglesia centrada en la gracia. Hace más de
veinte años, un equipo nacional evangelístico vino a la ciudad donde

yo vivía y programó una noche durante sus servicios de alcance evangelístico como "Noche de la Juventud". Nuestro pastor de ministerios estudiantiles reunió a los adolescentes y a sus padres, y nos dirigimos al evento. Por supuesto, ofrecieron muchas canciones, "testimonios" de algunas celebridades, música especial y una entrevista bastante intensa con un hombre que había estado involucrado en una vida de delincuencia, adicción y prisión. Compartió una triste historia de su infancia y adolescencia, y de cómo Cristo lo había rescatado de su estilo de vida corrupto. Fue conmovedor.

De camino a casa, escuché a las adolescentes hablar del servicio. Una chica, que había crecido en una familia de iglesia activa mucho antes de que yo la conociera, dijo: "Ya veo por qué ese tipo necesitaba salvarse. Su vida era horrible". Su pensamiento, como el de muchos otros, era que la gente mala necesita ser salvada por Jesús, pero la gente buena de la iglesia sólo necesita que Dios la ayude. Puesto que la gracia es recibir lo que no merecemos, no tiene sentido ni admiración para una persona que no necesita obtener todo a cambio de nada, porque ya tiene la mayor parte de lo que necesita. Esa falsa creencia puede ser una de las razones por las que la gracia no cautiva a esta generación.

Desgraciadamente, miles de hombres y mujeres de la iglesia y de fuera de ella que se sentían culpables o experimentaban un profundo sentimiento de vergüenza cuando eran pequeños y a los que se les dijo que pidieran perdón a Dios, ahora piensan erróneamente que fueron "salvados" en ese momento. Puede que incluso les dijeran que anotaran la fecha en su Biblia como su segundo cumpleaños. A muchos se les presentaba a un Jesús que perdonaría el mal que habían cometido y les ayudaría a ser personas de mejor conducta. La conformidad moral era el objetivo, y encontrar alivio a una conciencia culpable o a los aplastantes sentimientos de vergüenza se ofrecía orando una "oración de Jesús".

A algunos se les dijo que si pedían perdón a Jesús -quizá por mentir, hacer trampas en un examen, robar caramelos en una tienda, pelearse con un hermano, romper el toque de queda o estar de mal humor- recibirían el perdón prometido. Además, se les decía que si pedían a Dios que les ayudara a no volver a hacerlo, Él lo haría. En resumidas cuentas, se les decía que eran básicamente buenos con unos pocos comportamientos menores que podían corregirse y que su mala conciencia podía tranquilizarse.

Otros crecieron con un profundo sentimiento de vergüenza por lo que alguien les hizo o por lo que hicieron a alguien. La vergüenza es un gran problema para la mayoría del mundo y crecer en una cultura basada en la vergüenza puede impedir que el Evangelio de la gracia penetre más allá del tejido del corazón.

Afortunadamente, la gracia vital lo cubre todo. Consideremos los comentarios de Werner Mischke en su obra *The Global Gospel:*

> Imagínese si la expiación de Jesucristo no sólo se presentara como la solución de la culpa y la condena de Dios, sino también como la cobertura de nuestra vergüenza y la restauración de nuestro honor ante Dios. . . . Sostengo que comunicar el evangelio de Cristo de tal manera que el mensaje incluya tanto la eliminación de nuestra culpa *como* la cobertura de nuestra

vergüenza constituye un evangelio más "global". Es más coherente desde el punto de vista teológico, ya que refleja un testimonio más amplio de las Escrituras; además, es más congruente con toda la necesidad de la humanidad profundamente depravada: nuestra culpa y nuestra vergüenza. Por lo tanto, es más probable que conduzca a la transformación de la vida cristiana.[5]

Laurel era una administradora de empresas con talento en una empresa mediana. Debido a su excelente talento y trayectoria, una empresa más grande la contrató. A las dos semanas de empezar en su nuevo trabajo, se olvidó de archivar la documentación de un cliente. Fue un descuido. Cuando su jefe le llamó la atención sobre el error, se sintió avergonzada. *¿Cómo había podido ser tan estúpida?* y *¡Qué idiota era!* eran los pensamientos que le rondaban por la cabeza. Sentía una fealdad interior. El siguiente domingo por la mañana, en su iglesia, oyó decir al pastor: "Cuando sentimos vergüenza, un sentimiento de odio hacia nosotros mismos, lo que queda al descubierto es aquello por lo que realmente vivimos... lo que adoramos como valor supremo de la vida". Está bien sentirse mal por cometer un error, es saludable. Pero no podemos insistir en ello y permitir que nuestros errores nos avergüencen. El pastor concluyó citando a Dan Allender: "La vergüenza tiene sus raíces en nuestra preferencia inherente a confiar en falsos dioses en lugar de depender de Dios en todos y cada uno de los momentos de nuestra existencia".[6]

Nuestra actual "cultura de cancelación", impulsada por las redes sociales, se basa en la vergüenza. La mayor parte de mi educación y formación en el cristianismo se ha basado en una gracia centrada en que Dios perdona nuestra culpa por romper las reglas. Sin embargo, el mensaje de la gracia vital aborda la cuestión de la vergüenza, no sólo la culpa.

Pablo recordó a sus amigos de Éfeso y Colosas que en su estado natural estaban muertos espiritualmente: "En cuanto a vosotros, estabais muertos en vuestros pecados" (Efesios 2:1; Colosenses 2:13). No estamos enfermos, estamos muertos. Claro que los muertos vivientes pueden hacer cosas buenas (como ayudar al prójimo, marchar por los derechos, dar dinero para alimentar a los hambrientos y vestir a los pobres), pero en su vida ordinaria y cotidiana no hay vida espiritual, y acabarán muriendo también físicamente.

¿Te enseñaron que naciste muerto? ¿Te dijeron tus padres o tus maestros de la escuela dominical: "Estás muerto ante Dios"?

Mi buen amigo Tim Barton, Jr. explicó una vez a sus chicos: "Puede que oigáis a alguien deciros que Jesús vino a rescataros de ahogaros en el océano, que os soltó un salvavidas para sacaros, pero no os lo creáis. No estabas flotando en el océano necesitando ser rescatado. Estabas muerto boca abajo. De hecho, estabas muerto en el fondo del fondo del océano, y Jesús entró, te sacó, y te sopló aliento vivificador".

La persona natural sigue dándose cuenta de que no es como debería ser. Enderezarse a sí mismo, ya sea por el camino de la religión (adhiriéndose a las reglas religiosas o a la conformidad moral) o por el camino de la no conformidad con la religión (siguiendo las reglas de su tribu o creando las suyas propias), es la única opción para este mundo. La diferencia entre el verdadero cristianismo y la religión es que todo lo que hace un verdadero cristiano es porque ya tiene "razón". Tanto los que son religiosos como los no-religiosos hacen todo para tratar de "enderezarse" a sí mismos. Esto se llama *auto-rectitud.*

La mayoría de las personas poseen algún sentido de "rectitud" o de algo que pueden lograr o llegar a ser que les permita a ellos y a los demás considerarlos aceptables. Podemos usar palabras como *valor, aceptación, favor* o *bienvenido,* que son palabras de la calle para la gran palabra: *rectitud.* En realidad, ser justo significa estar bien en las relaciones con alguien, con uno mismo o con otra persona.

Sabes que en tu propia vida has intentado "enderezarte" de varias maneras. Piensa en la última vez que tuviste un desgarro relacional, una pelea o una ruptura con alguien. La necesidad de "enderezarse" de nuevo era tan obvia como la pelea misma. ¿Cómo nos arreglamos no sólo en las relaciones con los demás, sino como nos arreglamos en nuestro interior?

En la mentoría del evangelio y el ministerio de vitalidad de la iglesia, utilizo una evaluación de 360 grados denominada Inventario de Líderes de Iglesia™. (Para más información, véase www.churchleaderinventory.com.) He realizado más de mil entrevistas, revisando las auto-evaluaciones que también evalúan seis observadores que fueron invitados a compartir sus puntos de vista sobre el líder. Nos fijamos en las calificaciones de los observadores, comprobando si hay diferencias entre la autocalificación y la calificación media de esos seis. Con diferencia, la mayoría de los líderes se infravaloran en comparación con sus observadores. Los líderes suelen ser más duros consigo mismos en muchas de las áreas que sus observadores.

Cuando tengo la oportunidad de explorar la brecha, a menudo escucho que no se ven a sí mismos a la altura de sus propios estándares. Incluso con la actitud de que *Dios me acepta tal como soy,* siguen teniendo dificultades.

Por otro lado, algunos se califican a sí mismos mucho más alto que sus observadores y, al igual que los otros, su autopercepción está sesgada. Para ambos, es una ocasión de plantearse preguntas del corazón centradas en la dinámica de la gracia, si viven en gracia o en obras de su propia cosecha o en normas para alcanzar algún nivel de espiritualidad aceptable.

Nuestros primeros padres murieron cuando no creyeron a Dios y desobedecieron una simple petición, y ahora "todos pecaron y están destituidos de la gloria de Dios" (Romanos 3:23). ¿Acaso la persona natural no tiene amor a Dios? No, es más que eso. En realidad, son hostiles hacia Dios. Sus hijos no nacieron espiritualmente neutrales o "más o menos buenos". Sí, nacieron como portadores de la imagen de Dios su Hacedor (con dignidad, belleza, significado y valor), pero en lo que respecta a su relación espiritual con Él, están muertos. ¿Qué parte de muertos nos hemos perdido?

En esa condición espiritual, Pablo nos informa de que los "muertos vivientes" vagan en las tinieblas (*delitos* es una palabra para desviarse o salirse de la línea de la verdad) y viven éticamente de forma independiente, con deseos desmesurados de autorrealización, tal como nos grita el mundo y nos susurra el maligno: "Vive para ti mismo" (véase Efesios 2:1-3). No sólo eso, sino que somos por naturaleza "hijos de ira" (véase Efesios 2:3; Colosenses 3:6). Esto es una crisis, ¿verdad? Le hemos dicho a una generación de personas de la iglesia que Jesús quiere traer alivio a sus conciencias culpables y ayudarles a manejar sus malos comportamientos, reconstruir su autoestima dañada, y piensan que tienen vida eterna con Dios.

En cambio, lo que descubrimos es que Dios "nos dio vida juntamente con Cristo, aun estando nosotros muertos en pecados; por gracia sois salvos" (Efesios 2:5). Usted no tenía la capacidad de hacerse vivo para Dios. Por eso se llama *gracia vital*. Es todo por Dios y de Dios.

Su amor contra-condicional

La gracia tiene una importancia central en el cristianismo y es la palabra clave en el Nuevo Testamento. Dios es el "Dios de toda gracia" (1 Pedro 5:10). Nos rescató del poder dominante de nuestro egoísmo temerario, no por las cosas que hemos hecho, sino por Su amor y Su vida. Dios, en Su propio ser, es muy "rico en misericordia" (Efesios 2:4).

La palabra griega que Pablo utilizó para *misericordia* proviene de la palabra hebrea que describe el amor de alianza o leal de Dios (*hesed* o *chesed*). Su "amor misericordioso" significa que Él no nos da, basándose en nuestra condición, lo que merecemos (juicio, muerte y alejamiento de Dios). Más bien, debido a que Él en Su Persona es súper rico en amor misericordioso, nos dio vida con Cristo, nos resucitó y nos sentó con Él en los reinos celestiales (todo en tiempo perfecto; es algo que es seguro, ¡podemos llevarlo al banco!). La cruz de Cristo satisface las demandas de Dios y expresa su amor afectuoso.

El amor de Dios ha sido descrito como "amor temerario", pero ¿debemos pensar que Dios nos ama como un adolescente que conduce irresponsablemente entre el tráfico de forma temeraria? ¿Es Su amor como el de un hombre que, un día, sin pensarlo mucho, decidió entrar en un orfanato, escoger a uno de los niños y proceder a adoptarlo? ¿Es ésa una imagen de cómo se manifiesta la gracia amorosa de Dios?

Puede tener una melodía pegadiza o ser un pensamiento inspirador en un gran libro, pero ¿podría ser más poderoso entender Su amor como un amor que fue eternamente planeado y perfectamente llevado a cabo por el Amante? ¿No significa más para nosotros una expresión de amor bien pensada y planificada, con grandes gastos, que una expresión improvisada, casi imprudentemente reactiva?

El amor de Dios es comúnmente referido como incondicional - es decir, Él ama a los Suyos sin ninguna condición realizada por ellos. Sí, ¡y amén! Recibimos todo a cambio de nada. ¡Gracia vital y gracia asombrosa!

El cantautor Bob Bennett plasmó su experiencia del amor incondicional en su "Canción sobre béisbol", cuando escribió sobre sus vivencias de niño jugando al béisbol en las ligas menores. No importaba lo bien o lo mal que jugara, si se le caía una bola, si se ponchaba con los ojos cerrados o si hacía una buena jugada, su padre le encontraba después del partido, le compraba un refresco y un bocadillo y le llevaba a casa con estilo. El estribillo captaba su recuerdo: "Nada de eso importaba después del partido... él me quería jugara como jugara".[7]

Pero piensa más profundamente. Supón, sólo por un momento, que el amor que Dios te tiene es más intenso y profundo que amarte sin importar cómo hayas jugado. ¿Y si miras Su amor a través de una lente llamada amor contra condicional? ¿Cambiaría eso la música de tu corazón? A mí me cambió. Cambió la idea de la gracia de Dios que me habían enseñado en mi primera infancia. David Powlison sugiere que lo llamemos "amor contra condicional".[8] La idea es que el amor de Dios es ciertamente incondicional, en el sentido de que no se basa en nada bueno que haya en ti. Pero en otro nivel, el amor de Dios es contrario a tu condición. No es un amor ciego, como muchos ven el amor incondicional. El ve tu condición - una persona muerta espiritualmente, separada de Él - y en forma contraria a esa condición muerta, El escogió poner Su amor en ti y darte una nueva vida (El "juega a través de ti," para que no tengas miedo o temor). Qué alegría descansar en un amor que no comenzó debido a algún bien en ti y no será retirado debido a algún brote de tu vida anterior.

Utilizando mi ejemplo del hombre que adopta a un huérfano: ¿qué pasaría si fuera al orfanato a adoptar intencionadamente al hijo huérfano de una pareja que le había odiado y había sido enemiga rival en los negocios? ¿Y si supiera que el pequeño había sido tan abandonado durante la infancia que lo más probable es que tuviera discapacidades físicas y de aprendizaje toda su vida y que el costo de la adopción no fuera simplemente el pago de entonces, sino que durará el *resto* de la vida? Sin embargo, el hombre, por amor y compasión hacia el niño, aceptó de buen grado los retos financieros y legales de la adopción. El amor del hombre no era imprudente o descuidado, era asombroso y bondadoso. Las acciones de amor pensadas y planificadas significan más que un amor impulsivo o apresurado.

Pablo argumenta que fue por Su amor por ti que Dios te predestinó a ser adoptado como hijo Suyo, por medio de Jesucristo, por Su puro beneplácito y voluntad, antes de la creación del mundo, es decir, antes de que hicieras nada bueno o malo (Efesios 1:4-5). ¿Por qué? "Para alabanza de su gloriosa gracia, que nos concedió en su Amado (Jesucristo)." (Efesios 1:6).

Dios no se despreocupó de las consecuencias de Su amor por ti. Él sabía exactamente cuáles eran las consecuencias de derramar Su amor: una vida de sufrimiento, juicio y muerte como un convicto avergonzado colgado de una cruz. Más que eso, Jesús sabía que implicaría no sólo Su muerte física sino Su separación espiritual y alienación de Su Padre-el infierno en la tierra. Lo hizo por una razón: amor. Amor por Su Padre y amor por Su pueblo; la gloria de Dios en todas las cosas; el rescate de Su pueblo y la renovación de todas las cosas en el universo: que Él reconciliaría consigo todas las cosas, en la tierra o en el cielo (ver Colosenses 1:20).

Permítanme repetirlo una vez más: La gracia es Dios dándote todo lo que necesitas a cambio de nada. Es obtener el favor de Dios a través de Jesucristo. Obtenemos a Dios, el más grande que existe en el universo. La gracia es obtener todo lo que necesitas por nada porque es el regalo de Dios y es vital porque es indispensable para la continuación de la vida. La gracia no es temeraria, pero es implacable. En *Mero Cristianismo*, C. S. Lewis escribió:

Si había alguna idea de que Dios nos había puesto una especie de examen y que podíamos obtener buenas notas mereciéndolas, eso tiene que ser borrado. Si existiera la idea de una especie de trato -cualquier idea de que pudiéramos cumplir nuestra parte del contrato y poner así a Dios en deuda con nosotros, de modo que le correspondiera a Él, por mera justicia, cumplir su parte-, eso tiene que ser eliminado. . . . Todo el que tiene alguna vaga creencia en Dios . . . tiene en su mente la idea de un examen o de un trato. El primer resultado del verdadero cristianismo es hacer añicos esa idea. [9]

Tenemos un Dios más grande que el pequeño dios del cristianismo occidental. No me mal interpreten, Dios no es pequeño, pero el cristiano norteamericano occidental, post-ilustrado, bien educado, con exceso de recursos y trabajador no está "intoxicado por Dios". Más bien, muchos están intoxicados por este mundo y todas sus ofrendas, desde todos los rincones del entretenimiento, la prosperidad y/o la política. Vivimos a medias, jugueteando con la oferta de dinero, sexo y fama de este mundo, cuando se nos han dado, por gracia vital, las riquezas de Dios mismo (ver Efesios 1:18; 2:2-7). Hemos sido resucitados a la vida y sentados con Él en los reinos celestiales en Cristo Jesús (véase Efesios 2:6). Todo esto se cuenta como algo que ya es nuestro para que Él pueda mostrar la sobreabundante (hiper) riqueza de Su gracia en los siglos venideros.

Sólo la gracia vital puede refundar al Dios alto y glorioso que te invita a volver a su presencia, experimentar su poder y ser renovado de nuevo a su propósito de por qué te hizo. Hay buenas noticias: estamos hechos a imagen de Dios. También hay malas noticias: estamos muertos. Pero hay *muy* buenas noticias: Dios, a través de la gracia de la muerte y resurrección de Cristo nos ha hecho vivos por la fe, para que Él pueda mostrar Su grandeza y bondad.

Como mi esposa, Rachel, escribió sabiamente en su diario privado: "La gloria nos la da Dios, no la fabricamos con nuestro propio esfuerzo y éxito humanos. Dios se deleita en llamarnos a un área en la que su gloria brilla a través de nosotros. Y encontramos nuestra mayor alegría, gloria y deleite en esa área única de vocación". ¿Por qué difunde Dios su gloria? Porque ama a sus hijos y quiere que el reino de amor y luz de Cristo restaure lo que se perdió por la maldición".

Tenemos que dejar de malgastar nuestras vidas persiguiendo la no-gracia y viviendo como si estuviéramos muertos (ver Efesios 2:1-2; Colosenses 3:1-5; Tito 3:3). Ese no es un estilo de vida de gracia. Tenemos que dejar de vivir como "artistas". Si no vivimos en gracia vital, tendemos a pensar cuando las cosas van mal o la vida se pone difícil que Dios no es misericordioso y nos quejamos, "Después de todo lo que he hecho por Dios-y este es el agradecimiento que recibo de Él." ¿Por qué? Porque vemos la vida como una mezcla de rendimiento personal y gracia de Dios. En su clásico *Dinámica de la Vida Espiritual,* Richard Lovelace observó:

Los cristianos que ya no están seguros de que Dios los ama y los acepta en Jesús, aparte de sus logros espirituales actuales, son subconscientemente personas radicalmente inseguras, mucho menos seguras que los no cristianos, porque tienen demasiadas luces para descansar fácilmente bajo los constantes boletines que reciben de su

entorno cristiano sobre la santidad de Dios y la justicia que se supone que tienen. Su inseguridad se manifiesta en orgullo, en una feroz afirmación defensiva de su propia rectitud y en una crítica defensiva de

los demás. Llegan naturalmente a odiar otros estilos culturales y otras razas para reforzar su propia seguridad. . . . Se aferran desesperadamente a la justicia legal y farisaica, pero la envidia, los celos y otras ramas del árbol del pecado crecen a partir de su inseguridad fundamental. . . .

A menudo es necesario convencer a los pecadores (e incluso a los cristianos pecadores) de la gracia y el amor de Dios hacia ellos, antes de conseguir que miren sus problemas. Entonces, la visión de la gracia y el sentido de la aceptación perdonadora de Dios pueden curar realmente la mayoría de los problemas. [10]

Hemos aceptado la mentira continua de que el objetivo de la vida cristiana es ser más obedientemente santos de lo que éramos el año pasado. Nos hemos preguntado: "¿Qué se supone que debo hacer por Dios?" o "¿Qué quiere Dios que haga por Él?". Esa no es una llamada de gracia, es una llamada de vuelta a las obras. Está pasando por alto una realidad vital: que somos una nueva creación y que lo que estaba muerto ha desaparecido por completo porque Cristo nos dio vida "para que en él lleguemos a ser justicia de Dios" (2 Corintios 5:21). En lugar de eso, Jesús pregunta: "¿Qué queréis que haga por vosotros?".

Un día Jesús hizo una oferta significativa: "Venid a mí todos los que estáis cansados y agobiados, y yo os haré descansar" (Mateo 11:28). Esto es lo que Él ofreció: *Ustedes que están tratando de ganar su propia salvación a través del trabajo duro, en su lugar sólo vengan a Mí, y Yo les daré descanso.* Y añadió: "Llevad mi yugo sobre vosotros y aprended de mí, que soy manso y humilde de corazón, y hallaréis descanso para vuestras almas.
Porque mi yugo es fácil y mi carga ligera" (Mateo 11:29-30). Usted está
cansado y fatigado porque está tratando de ganar lo que no se puede ganar. Él ha hecho el trabajo, así que ve a Él y encuentra descanso del ajetreo.

Rachel y yo tenemos unos amigos cuya hija de cinco años se quejaba de dolor de espalda. Al cabo de un tiempo, la llevaron al médico, que le hizo pruebas y descubrió que tenía leucemia. Los médicos les dijeron que el tipo de leucemia de ella tenía una tasa de curación del 96% y que, si seguían el tratamiento, lo más probable era que se curara. Pero el médico también les dijo: "Se va a encontrar mucho peor. Tendrá que recibir quimioterapia y radioterapia. Tendrá que cambiar su dieta y tener cuidado con los resfriados y los gérmenes. Entrará y saldrá del hospital y estará muy enferma durante unos tres años. De hecho, los próximos tres meses van a ser muy duros. Pero este es el camino hacia la curación".

¿Cuál crees que fue la respuesta de nuestros amigos? ¿Te sorprendería si te dijera que el padre dijo: "Doctor, no puedo creer que piense que puede controlar nuestras vidas de esta manera. ¿Quién se cree que es para decirnos lo que nuestra hija puede y no puede hacer? ¿Cree que por ser médico puede darnos órdenes? Los médicos sois todos iguales, tan arrogantes y poderosos, que os creéis con derecho a dirigir así la vida de los demás". Estaríamos de acuerdo en que sería una respuesta irracional a la prescripción del médico para su bienestar.

Dios ha ofrecido la gracia gratuita. Dios ofrece *gracia vital* hoy. Puedes resistirte a Él. Puedes regañarle. Puedes pensar que Él es mandón, entrometido y exigente, pero Su gracia ofrece sanación.

El cristianismo es vivir el evangelio de la gracia a lo largo de toda la vida. Lo mismo que nos hizo a ti y a mí seguidores de Jesús es lo mismo que nos mantiene progresando como seguidores de Jesús, es decir, terminamos con nuestras propias estrategias para ganar aceptación en esta vida y creemos en la aceptación que ya tenemos en Él. Vivimos nuestras vidas siguiendo a Aquel que "nos amó y se entregó a sí mismo por nosotros" (Gálatas 2:20).

El apóstol Pablo escribió que hay "una justicia de Dios que es por la fe desde el primero hasta el último, [porque] el justo vivirá por la fe" (Romanos 1:17). De hecho, se nos recuerda una y otra vez que "el justo *vivirá por la fe*" (énfasis añadido). La gracia vital va de lo primero a lo último y me dice: *Soy completamente aceptado en Cristo, así que le sigo con gratitud*, y no, *sigo Sus caminos para ganarme Su aceptación o favor.* Nada puede hacernos justos excepto la gracia de Dios.

Cuanto más la veas como una gracia vital, más te cambiará y te llevará a la plenitud de la vida, o como se dice popularmente hoy en día, al "florecimiento". Cuando nos quedamos con un poco de trabajo o con la actitud de *Dios ayuda a los que se ayudan a sí mismos,* más le enseñamos su poder para que haga su trabajo en nosotros y a través de nosotros. Cuanto más libre lo tengamos, mejor será.

Todo tipo de cristianos desean ayuda para vivir la nueva vida que Dios les ha dado. Muchos desearían que fuera tan sencillo como recitar diariamente una oración del Antiguo Testamento o dibujar un círculo de oración alrededor de lo que reclaman para recibir y obtener la vida que Dios les ha dado. A través de mi propio viaje espiritual de más de cincuenta años, he anhelado la experiencia que me llevaría a la cima, recibir la obra completa del Espíritu, vencer finalmente la tentación, manejar mis pecados y mantenerme profundamente en contacto con Dios.

Sospecho que, si eres un seguidor de Jesús, habrás tenido anhelos similares en varias ocasiones. Eso es bueno. Significa que has sido agraciado por Dios, a través del arrepentimiento de tus viejas formas de dirigir tu propia vida, has creído en Cristo como tu único rescate, y estás siendo conformado a la semejanza del verdadero Humano, Aquel que te amó y se entregó por ti por el poder de Su Espíritu.

La gracia vital es una solución instantánea: obtienes todo lo que no merecías a cambio de nada en tu relación con Dios y en lo que eres como persona. Obtienes el perdón de Jesús, Su plena perfección y Su Espíritu, y no te costó nada, porque "por gracia sois salvos por medio de la fe; y esto no de vosotros, pues es don de Dios; no por obras, para que nadie se gloríe" (Efesios 2:8-9).

Esta es una invitación a viajar en la gracia vital y explorar cómo eso moldea la vida. He trabajado para poner los conceptos en experiencias y explicaciones de la vida real porque la iglesia en Norteamérica, los cristianos en la iglesia, necesitan que Dios y su asombrosa gracia les "quiten el aliento".

Necesitamos un refresco diario de la Buena Nueva de la gracia de Dios, porque nos estamos alejando, persiguiendo nuestros deseos egoístas cada día, olvidando lo que ya es nuestro. Reflexiona, al terminar este capítulo, sobre estas tres realidades y recuerda que la gracia es un don gratuito para ti. Confío en que te hagan sonreír y te den alegría:

(1) Estamos completamente perdonados, así que no tenemos nada que esconder. No tenemos vergüenza.

(2) Somos perfectamente justos en Jesús, así que no tenemos nada que probar. No tenemos culpa.

(3) Somos eternamente amados, por lo que no tenemos nada que temer. Ya no necesitamos tener miedo.

Esa es la gracia vital.

Capítulo 2
Comprender el trasfondo de la gracia

Siempre había sentido la vida primero como una historia:
y si hay una historia hay un narrador.
-G. K. Chesterton, La *ética de Elflandia*

Mi amigo Frank Batista es un pintor de talento que vive en La Habana, Cuba. Tengo uno de sus cuadros colgado en mi despacho. En una ocasión compartí con él una idea que plasmaría la historia de la gracia de Dios. Esbocé toscamente mis ideas en un papel arrugado y se lo di. Aportó el talento que Dios le ha dado para el color, el diseño, la belleza y la imaginación para crear un cuadro asombroso. Imagínate una carretera desolada con un paisaje inhóspito y áspero como el desierto, con árboles estériles y algunos pájaros a lo lejos. En primer plano está el salpicadero de un Chevy de 1957 abollado y manchado de óxido. Te sientes como si estuvieras en el asiento del conductor, detrás de un gran volante, mirando por esa carretera larga y pedregosa.

Al mirar por el retrovisor, ves la belleza de una exuberante playa tropical con sol y palmeras. En el horizonte, justo por encima del salpicadero, se ve un amanecer que apenas traspasa la línea donde chocan la tierra y el cielo. A la izquierda de la carretera hay una casa de dos plantas de color gris descolorido, curtida por la intemperie, con una puerta de color rojo brillante, clara, limpia y acogedora.

En ese cuadro oscuro, pero gráfico, Frank captó el marco de la historia de la gracia. Todos estamos recorriendo un largo y ruinoso camino fuera del Edén, que está claramente en nuestra memoria retrovisora, con un cuerpo arruinado y un alma oxidada, perdidos en el desierto terrenal. Anhelamos refugio y descanso, con la esperanza de un futuro mejor. Necesitamos un lugar, un hogar o una ciudad sustanciosa, donde aterrizar. A lo largo del viaje hay una puerta roja y brillante (véase Oseas 2:15 y Juan 10:9) que ofrece un camino a casa. El cantante y compositor Steven Curtis Chapman, que me ha enseñado mucho sobre la gracia a través de su música, escribió sobre esta realidad, en la que afirma que Jesús se hizo a sí mismo "la puerta que nos llevará de vuelta al lugar donde la vida era nueva . . . donde pertenecemos".[1] En nuestro horizonte se vislumbra un nuevo día y todas las cosas serán hechas nuevas (Apocalipsis 21:5). Y anhelamos ese día, ese día que nos ofrece la plenitud de la gracia.

Hasta entonces vivimos donde ya no tenemos una historia convincente, cohesiva y trascendente de nuestro mundo, nuestras vidas o destino que dé sentido a todas las complejidades de la vida. Casi como si no perteneciéramos a este lugar.

El universo, según la historia de fondo de nuestra cultura, siempre ha existido y estalló en la belleza del cosmos para acabar progresando hasta convertirse en todos los seres vivos de la Tierra, incluidos nosotros. La cultura pop afirma que vivimos en un mundo cerrado, mecánico y natural. Es "ciencia probada".

He oído a decenas de seguidores de la "ciencia sola" argumentar que no viven de la fe, sino que sólo siguen la ciencia. Por mucho que intenten convencerme o convencerse a sí mismos, sigue siendo un sistema de creencias. Incluso el famoso biólogo evolutivo y autor anticristiano Richard Dawkins escribió: "No puedo saberlo con certeza, pero creo que Dios es muy improbable, y vivo mi vida asumiendo que no existe".[2] Hasta aquí las pruebas científicas. Es un sistema de fe construido sobre ciertas creencias presuposicionales.

Gran parte de nuestro mundo secular y mecánico afirma que la vida no tiene una gran historia. Debemos contentarnos con las limitaciones de crear nuestras propias versiones de nosotros mismos - es decir, escribir nuestra propia narrativa, que nos toca vivir- porque somos un conjunto de sustancias químicas que surgieron una mañana cósmica. No hay narrador ni historia que contar. ¿Y qué hace la gente? Gastan miles de millones de dólares en historias como La guerra de las galaxias, Harry Potter, las series de Marvel o Los juegos del hambre.

La naturaleza opresiva de su línea de no-historia ha machacado cualquier sentido de algo más grande que la pequeñez del naturalismo y la corrosividad del existencialismo puro (que hoy es todo lo que hay). Este sistema de creencias ha asestado un golpe demoledor a la vida de millones de personas. El auge del naturalismo existencial es fácilmente vinculable, por cualquiera que esté dispuesto a verlo, con la depresión, la drogadicción, el suicidio y un desprecio total por la vida.

Si eres el resultado de un accidente cósmico, que vive como una máquina mecánica para ensimismarse, con un final de suma cero -no hay nada más allá de tu tumba-, entonces hay pocas razones de peso para luchar. ¿Importa si alcanzas tus objetivos? No. Y lo que es más importante, ¿importas tú? La verdad es que no. La historia actual de Occidente es opresiva, no liberadora. Por otra parte, si realmente se trata de un juego de suma cero, entonces podemos entender por qué otros eligen "vivir para morir con la mayor cantidad de juguetes", persiguiendo el beneficio personal por encima de todo.

Sin embargo, incluso algunos en la Iglesia han reducido los primeros capítulos del Génesis a debate y a prueba de la ortodoxia cristiana. Han perdido la majestuosidad y la belleza sobrenatural de Dios cantando el universo a la existencia y en su lugar discuten sobre edades, lagunas, formas literarias, o Dios orquestando un proceso evolutivo. Han hecho una religión de unos pocos capítulos de la Biblia.

Necesitamos reorientar nuestras vidas con la ayuda de la historia del Evangelio para no perdernos la maravilla del gran poder y la abrumadora belleza de Dios. No nos perdamos la buena noticia de que un Dios personal, por pura gracia y el placer de su propia voluntad, hizo todo lo que vemos y nos hizo para Él. Él ama Su creación.

Él lo creó todo

A menudo, la primera línea de una historia es una de las más difíciles de escribir. Pero no para Dios. La primera línea de la historia de la gracia es un breve estallido de alegría: "En el principio creó Dios los cielos y la tierra" (Génesis 1:1). En el libro de Job, probablemente una historia anterior a la redacción del Génesis, Dios le pregunta a Job: "¿Dónde estabas cuando puse los cimientos de la tierra... mientras las estrellas del alba cantaban juntas y todos los ángeles gritaban de alegría?". (Job 38:4, 7).

¿Ha estado alguna vez en un estadio repleto de ochenta mil aficionados que gritan cuando su equipo marca un gol? El rugido puede ser a la vez estimulante y ensordecedor. En la Creación, las estrellas y los ángeles rugieron con aplausos y vítores de gran alegría. Lloraban de asombro ante tanta belleza y poder. La gracia -el favor inmerecido de Dios- es el principio de la historia. Él hizo todo por el deseo de declarar, mostrar y demostrar Su belleza y gloria a los demás. Es verdadero amor que se da a sí mismo. No merecíamos ser creados, y mucho menos conocer la sobrecogedora belleza de Dios desplegada en Su glorioso universo.

La Biblia, como revelación de Dios a Su creación, proclama una gran creación trascendente que está aquí por un origen supranatural. Con el prefijo *supra* me refiero a *lo que está más allá de lo natural*. Dios, tal como se reveló a Sí mismo, no es un creador deísta abstracto, o "Causa no causada", ni un dios unipersonal, sino que es Dios Padre, Dios Hijo y Dios Espíritu existiendo con perfecta unidad en su complejidad.

Hay un Dios Personal, omnisciente, omnipotente, glorioso y hermoso que hizo todo lo que vemos, y es una realidad importante que se repite una y otra vez a lo largo del relato evangélico:

¿Dónde estabas cuando puse los cimientos de la tierra? Dime, si lo entiendes. ¿Quién marcó sus dimensiones? Seguro que lo sabes. ¿Quién extendió una línea de medición a través de ella? ¿Sobre qué se asentaron sus cimientos, o quién puso su piedra angular? ¿Quién encerró el mar tras sus puertas cuando brotó del seno materno, cuando hice de las nubes su manto y lo envolví en densas tinieblas, cuando le fijé límites y le puse puertas y rejas, cuando dije: "Hasta aquí podéis llegar y no más lejos; aquí es donde se detienen vuestras orgullosas olas"? (Job 38:4-6, 8-10)

El SEÑOR es el gran Dios, el gran Rey por encima de todos los dioses. En Su mano están las profundidades de la tierra, y a él pertenecen las cumbres de las montañas. Suyo es el mar, pues él lo hizo, y sus manos formaron la tierra seca. (Salmo 95:3-5)

Esto es lo que dice el SEÑOR: EL que creó los cielos, él es Dios; el que hizo la tierra, él la fundó; no la creó para que estuviera vacía, sino que la formó para que estuviera habitada; él dice: "Yo soy el SEÑOR, y no hay otro". (Isaías 45:18)

Ah, SEÑOR soberano, tú has hecho los cielos y la tierra con tu gran poder y tu brazo extendido. Nada es demasiado difícil para ti". (Jeremías 32:17)

En él fueron creadas todas las cosas: las que están en los cielos y las que están en la tierra, visibles e invisibles. . . . Él es antes que todas las cosas, y en él todas las cosas subsisten". (Colosenses 1:16-17)

Toda casa es construida por alguien, pero Dios es el constructor de todo". (Hebreos 3:4)

El infinito Dios supranatural hizo lo natural por y para Su amor de Padre. Los autores del Credo de los Apóstoles, uno de los primeros credos cristianos, empezaban así: "Creo en Dios, Padre todopoderoso, Creador del cielo y de la tierra". ¿Por qué? Porque era importante que los cristianos afirmaran regularmente en sus corazones y mentes que Dios Padre lo hizo todo a mano.

Dios se complace cuando creemos que Él es el Creador de todas las cosas: "Por la fe entendemos que el universo fue formado por orden de Dios, de modo que lo que se ve no fue hecho de lo que era visible. . . . Sin fe es imposible agradar a Dios, porque es necesario que el que se acerca a Él crea que existe y que recompensa a los que le buscan" (Hebreos 11:3, 6).

Cómo hacer un hombre y una mujer

En el siglo I, cuando el cristianismo comenzaba a abrirse paso por diversas ciudades, regiones y contextos culturales, el mundo romano estaba lleno de politeísmo (muchos dioses), mitologías (criaturas míticas o ídolos que controlaban el mundo), supersticiones, brujería, hechicerías, naturalistas y seguidores del judaísmo.

Dirigiéndose a la élite de líderes religiosos y culturales de uno de los grandes centros del mundo, Pablo proclamó con confianza: "El Dios que hizo el mundo y todo lo que hay en él es el Señor del cielo y de la tierra. . . . Él mismo da a todos la vida y el aliento y todo lo demás. De un solo hombre hizo todas las naciones. . . . Dios hizo esto para que lo buscaran y tal vez lo alcanzaran y lo encontraran, aunque no está lejos de ninguno de nosotros" (Hch 17,24-27). Les dio una historia de nacimiento, una verdadera, si se quiere. Somos la "descendencia" de Dios (v. 29).

Una de nuestras tradiciones familiares es que, en cada cumpleaños de nuestros hijos, mi mujer, Rachel, y yo contamos la historia de su nacimiento. Cada uno tiene una historia única sobre ese día: todo lo que pasó, las prisas por llegar al hospital, lo que dijeron los médicos, los acontecimientos que precedieron al nacimiento e inmediatamente después. Cuando nuestros hijos eran más pequeños, les encantaba oír esas historias y nos decían: "Cuéntame cuando el médico te dijo: "Fuera, Sr. Wood", o cuando mamá me vio por primera vez, o cómo nuestra familia reía y lloraba o cuando mamá preguntó: "¿De verdad es nuestro bebé?"". A nuestra hija pequeña siempre le ha gustado que le contáramos que un gran árbol se cayó en la entrada de casa y que yo apenas llegué al hospital a tiempo para dar a luz. Desde entonces, cada vez que cumplen años, miramos las fotos de sus libros de bebé.

Al contarles sus historias, recibían una sensación de valor. Cada uno tenía su propia singularidad y sentido de pertenencia. Tenían conexión. Tenían una relación familiar con otras personas de este mundo. Tenían una madre y un padre que les querían, les cuidaban, esperaban su llegada, lloraban y reían cuando llegaban y oraban por ellos. Nos acordamos de ellos.

Dios escribió nuestra historia para que la ensayáramos unos con otros. El hecho de que fuimos hechos a mano por gracia (que Dios nos dio todo a cambio de nada) comienza con Su declaración: "Hagamos al ser humano a

nuestra imagen" (Génesis 1:26). Adán fue hecho, llevando la imagen del Dios que creó todas las cosas, como la cumbre de todos Sus mayores logros en Su universo.

Al rey David de Israel se le mostró la realidad de Su creación personal, y la tuya por cierto, y como la mayoría de los cantautores hacen cuando están asombrados con algún acontecimiento personal que cambia la vida, el rey escribió una canción a su Creador:

> Tú creaste mis entrañas; me formaste en el vientre de mi madre. ¡Te alabo porque soy una creación admirable! ¡Tus obras son maravillosas, y esto lo sé muy bien! Mis huesos no te fueron desconocidos cuando en lo más recóndito era yo formado cuando en lo más profundo de la tierra era yo entretejido. Tus ojos vieron mi cuerpo en gestación: todo estaba ya escrito en tu libro; todos mis días se estaban diseñando, aunque no existía uno solo de ellos.(Salmo 139:13-16)

Gracia asombrosa, qué dulce el sonido que me hizo lo que soy.

Más tarde, Dios hizo milagrosamente a Eva del cuerpo de Adán, llevando ambos Su imagen. Adán y Eva fueron hechos por el Dios de toda gracia. Fueron hechos de lo natural, creados de la tierra y de los huesos de Adán (véase Génesis 2:23), pero también fueron hechos de lo sobrenatural, del aliento vivificante de Dios (véase Génesis 2:7). Al cantar la creación, Dios los hizo profundamente diferentes de cualquier otro ser vivo (plantas, peces y animales) porque sólo el hombre y la mujer fueron hechos a *imago Dei* (imagen de Dios).

En esta historia retrospectiva, Dios repitió la creación de Adán y Eva dos veces (véase Génesis 1:26-28; 2:7, 21-23), y para asegurarse de que no nos perdemos la exclamación, duplicó su pensamiento: "A imagen de Dios lo creó; varón y hembra los creó" (1:27). Fue muy concreto. El hombre y la mujer, ahora la más alta de todas Sus maravillas creativas, son (podemos seguir a la ciencia en esto) singularmente masculinos (hechos con un cromosoma Y y un cromosoma X) y femeninos (hechos con dos cromosomas X, sin excepciones), y están llenos de belleza (la belleza moral más verdadera, pura, santa), significado temporal (gobernar o administrar sobre la creación y todas las criaturas), dignidad (posición elevada en el universo y comunicación personal con Dios), y como seres espirituales (dotados de alma, el aliento vital de Dios mismo), a diferencia de cualquier otra criatura que Él hizo (ver Salmo 8:3-8).

¿Se ha dado cuenta de que Moisés, el autor del Génesis, dedicó un capítulo a explicar a sus lectores cómo se crearon el espacio, el tiempo, el universo, la Tierra y los animales? A continuación, dedicó un capítulo a explicar cómo nacieron el hombre y la mujer. ¿Te haces una idea de lo que es importante en la historia?

La coronación de Su creación es el hombre y la mujer. Los mundos fueron preparados para ellos. El hombre y la mujer debían dominarlo todo. Tenían la responsabilidad moral, como parte del mandato de la creación, de cuidar la tierra, los animales y otros portadores de imagen (humanos), y de trabajar en la creación que Dios les dio.

En última instancia, fueron hechos para tener unión con Dios y encontrar en esa unión su alegría y felicidad en la vida. Fueron creados para disfrutar de la vida con Dios y entre ellos, considerando a Dios como el bien supremo de toda la creación. Es el propósito de la humanidad: amar a Dios con todo el corazón, con toda el alma, con toda la mente. Esto no es un lenguaje religioso, sino que demuestra el deseo de Dios de relacionarse y comunicarse profundamente contigo y con cada uno de los miembros de su comunidad humana.

La historia de fondo del Evangelio, la historia de cómo el hombre y la mujer llegaron hasta aquí, es verdadera y real, y Dios la escribió para que pudiéramos ensayarla unos con otros. Es un hecho que se repite a lo largo de

toda la Biblia. La creación del hombre y la mujer fue muy buena. (Véase Génesis 1:31; Salmo 139:13-16; 1 Corintios 6:12-20; Efesios 2:10).

El único aspecto en toda la narrativa de Su creación que Dios declaró "no bueno" fue que Adán no tenía comunidad humana. Aunque existían otros animales, él estaba solo como ser humano. Así que "el SEÑOR Dios dijo: 'No es bueno que el hombre esté solo. Le haré una ayuda idónea'" (Génesis 2:18). Los seres humanos quieren relacionarse con otros seres humanos porque Dios es eternamente relacional. Fuimos creados con el deseo casi instintivo de amar, primero a Dios como nuestro Creador y luego a los demás como portadores de Su imagen.

El teólogo Francis Schaeffer escribió:

La enseñanza más básica de la Biblia es que Dios existe, y lo
que es, y el corolario de lo que es el hombre como hecho a
imagen y semejanza de Dios. Vivimos en un universo personal,
y no en uno impersonal. . . . No somos máquinas, no somos
plantas, no somos simples animales, sino hombres [y mujeres]
creados a imagen de Dios, racionales y morales. Cuando fuimos
creados, lo fuimos con un propósito. Y el propósito de nuestra
creación, en el que encajan todos nuestros propósitos
subsidiarios, es estar en una relación personal con Dios, en
comunión con él, en amor, por elección, la criatura ante el
Creador. [3]

Es posible que no aceptes la historia del Evangelio. Si es así,
sospecho que lo más probable es que no lo hagas porque te han
enseñado a pensar de una sola manera: que hubo un comienzo natural
para la humanidad y para todo lo demás. Es posible que sólo conozca
la historia materialista, naturalista y evolucionista de nuestros
comienzos. Entienda, su creencia de esta manera no es "ciencia
probada", es una teoría que debe ser aceptada por fe. No tenemos
ningún método científico capaz de experimentar un acontecimiento
de hace millones de años. Admito de buen grado que "por la fe
entendemos que el universo fue formado por orden de Dios, de modo
que lo que se ve no fue hecho de lo que era visible" (Hebreos 11:3).
Una de las razones por las que la Biblia siempre ha sido atacada,
criticada y ridiculizada es su pretensión de autoridad como

revelación inspirada por Dios del diseño y propósito originales de la humanidad. Si quieres tomarte en serio tu origen, la historia de tu nacimiento, puedes encontrar muchos recursos disponibles para leer, escuchar y estudiar.

La creación de todo (cielo, tierra, hombre y mujer) fue un acto del favor inmerecido de Dios. Sólo la gracia bondadosa y gratuita de Dios dio origen a los mundos y a nuestras vidas. Eso hace que todo tenga sentido.

El pecado subyacente a todos los pecados externos

Si participara en un concurso y le pidieran que nombrara cinco de los acontecimientos más significativos de la historia de la humanidad, ¿cuáles incluiría en su respuesta? ¿Diría que el nacimiento de Jesucristo porque dividió nuestro sentido de la historia en dos tiempos? ¿Quizás el desembarco y asentamiento de los europeos en América? ¿Quizás la Segunda Guerra Mundial y la invasión de Normandía? ¿O el primer vuelo espacial? ¿Quizás la invención de la electricidad o la imprenta? Todos ellos cambiaron radicalmente el curso de la historia del mundo. Y, por supuesto, habría que ofrecer la invención de los ordenadores.

Sin embargo, dudo que el acontecimiento de Génesis 3 figure en la lista de respuestas de ningún concurso, aunque sea más fundamental para nuestra historia que cualquier otro acontecimiento, aparte de la propia creación. Al principio del Génesis, Dios dedicó un capítulo a explicar cómo llegó aquí todo lo que vemos y un capítulo (capítulo y medio) a explicar cómo llegamos aquí, así como por qué.

Luego, en Génesis 3, Dios dedicó un capítulo a relatar un acontecimiento de la vida de nuestros primeros padres (Adán y Eva). Por la extensión del relato, parece que este acontecimiento es fundamental para comprender nuestra historia.

En todo el mundo, en todas las épocas de la historia y entre las naciones, los seres humanos han sabido que existe una brecha entre ellos, los demás y Dios. Necesitamos algo que dé sentido a esa realidad común. Las preguntas llenan nuestras vidas: "¿Por qué las cosas en este mundo son como son?"; "¿Por qué hay tanto egoísmo y dureza en un mundo que existe desde hace millones de años?"; y "¿Por qué tenemos la sensación de que la gente no vive como debería?". El argumento de nuestra cultura actual no da sentido a nuestra realidad. El filósofo que dijo: "Si Dios existe, debe de ser un monstruo moral a causa de todo el mal que hay en nuestro mundo", no entendió toda la historia de fondo del Evangelio.

Para comprender el mensaje de gracia del cristianismo es importante conocer la historia de Adán y Eva en el primer jardín. No entenderás la necesidad de la gracia en tu rescate si te pierdes la ruina en el jardín y no te inflamará la gloria de una renovación venidera si no reconoces la maravilla y la gracia de la creación. El cristianismo y su mensaje central de un rescate por la gracia no tienen ningún sentido sin creer en los momentos iniciales de nuestra historia.

Nuestros primeros padres fueron colocados en el jardín del Edén, un lugar desde el que se les dio la responsabilidad de ser co-manejadores de toda la creación (la tierra, los peces, las plantas y los animales). Se les prometió una vida plena y confortable de dicha relación perfecta, una relación continua e ininterrumpida de aprobación divina y seguridad eterna como vice regentes de Dios en el universo.

Dios puso ante ellos en el hermoso jardín un árbol y ese árbol se erigió como símbolo de su dependencia y lealtad (su amor) a su Padre Dios. Dios les dijo bondadosamente: "Sois libres de comer de cualquier árbol del jardín", disfrutando de la máxima libertad y autoridad, pero de un árbol "no debéis comer... porque si coméis de él, ciertamente moriréis" (Génesis 2:16-17). El árbol, en definitiva, declaraba que eran responsables ante su Padre, pero también significaba que eran Sus criaturas, no sus propios creadores. La esencia del mensaje de Dios era: "Créeme, confía en Mí y obedéceme para toda tu vida y plenitud, porque Yo soy bueno contigo. Sé la criatura y Yo seré tu Dios, así que no seas autónomo. Si eliges vivir en relación Conmigo, todo te irá bien. Pero si no lo haces, morirás".

Este árbol del conocimiento del bien y del mal probablemente no se veía diferente de cualquiera de los otros árboles. La mayor diferencia era la orden de Dios de no comer de él. Era la elección que debían hacer. ¿Por qué? Porque todo amor está ligado a una elección. Dios los hizo para que tuvieran una relación de amor consigo mismo, pero no los programó para que lo amaran. Eran libres de amar o no amar. ¿Cuál consideraría usted amor verdadero-cuando su cónyuge, padre o hijo le dice "Te amo" o se lo dice la computadora que usted programó para que se lo dijera? El ordenador no le ama, por muchas veces que repita esas palabras.

Dios hizo a la humanidad con libertad para amar o no amar, pero Adán y Eva fueron tentados por Satanás, el Maligno. Satanás astutamente enganchó a Eva y la engañó atacándola en dos frentes: "¿Dijo Dios realmente...? ?" y luego añadió: "No moriréis ciertamente... porque Dios sabe que cuando comáis de él se os abrirán los ojos y seréis como Dios" (Génesis 3:1, 4-5).

En el primer frente la tentó con la *incredulidad.* Le preguntó: "¿Dijo Dios?". Le susurró astutamente una mentira que ha reverberado por todo el universo. La mentira que dice: *Dios está tratando de privarte de algo bueno -conocimiento, ser como Dios- y eso no es realmente justo, ¿verdad? Lo que necesitas es ser dios de tu propia vida para encontrar realmente tu plenitud.*

Fue capaz de separar en la vida interior del pensamiento de Eva el corazón de amor de Dios de su mandato de no comer de un árbol e introdujo la duda sobre la bondad y el amor de Dios como Padre.

De una manera peculiar, no es incredulidad o no creencia. Es creencia. Ella fue tentada a creer la mentira que Satanás susurró: "No morirás". Vi una matrícula que decía: "Sólo confía en ti mismo". Eso realmente dice todo lo que nuestra cultura tiene que ofrecer. Sin embargo, Dios dijo que la única manera de agradarle es por la fe, que significa confiar en Él. Desde los días en el jardín, las preguntas del corazón del hombre y la mujer han sido "¿Es Dios realmente bueno?" y "¿Él realmente me ama?". La incredulidad en el amor y la bondad de Dios es el pecado que está por debajo de todos los pecados externos.

Tu incredulidad no es la ausencia de creencia, más bien es una creencia redirigida. Cuando viene la tentación, viene en forma de incredulidad, que en realidad es una creencia redirigida a confiar en ti mismo. Puedes elegir en qué o en quién vas a poner tu fe, pero no puedes elegir si vas a tener fe o no.

Todos creemos en algo. Y nuestra tentación es siempre encontrar algo o alguien distinto de Dios que nos dé una sensación de valía, seguridad o bienestar personal.

Piensa en la última vez que fuiste tentado: "Sé que Dios dijo que mentirle a mi mamá está mal, pero será mejor para mí salirme con la mía si miento, así que mentir es mejor". Esa es la incredulidad en Dios cuando Él dice que mentir te destruirá y destruirá tu relación con tu mamá. También es creer que "¡no morirás! O si estás tentado a engañar a tu cónyuge porque crees erróneamente que esa es la manera de encontrar la felicidad y de ser realmente amado en lugar de trabajar en la lucha que sientes en el matrimonio, bueno, realmente es incredulidad en Dios y en Su amorosa advertencia de que la infidelidad conduce a la muerte relacional, social y del alma (ver Proverbios 7:21-23). "Confía en mí", susurra el Maligno, "no morirás".

Cuando tienes la tentación de (añade aquí lo que quieras), ¿no es realmente una cuestión de fe? ¿Es suficiente la gracia y el amor de Dios por ti, Su presencia en ti? ¿O hay una forma mejor de encontrar la felicidad, la riqueza, la fama y la paz? Esa fue la cuestión para Eva y Adán en ese momento y esa es la cuestión para ti y para mí.

En el primer jardín, Satanás intentó anular la advertencia de Dios de no comer del árbol sugiriendo: "No moriréis". Hoy intenta anular la promesa de Dios de creer en su oferta de gracia vital. Jesús dijo: "Cree en Mí y vivirás", y el Maligno susurra: "No vivirás.

Debes tomar la vida en tus propias manos. Debes ganarte tu propia aprobación y no confiar en nadie más que en ti mismo". O en la cultura más amplia: "No hay que creer en ningún dios. Confía en ti mismo, sigue a tu corazón y haz lo tuyo".

El segundo frente de tentación fue por *su autonomía personal* (independiente y desobediente de Su voluntad conocida) y un enfoque de *hacer mi propia cosa* a la vida. Significa ser *autogobernado*. Queremos poseer a Dios o ser Dios. Nuestros primeros padres decían interiormente: *quiero lo que yo quiero, no lo que Dios quiere.* Esta naturaleza existe en la actitud interna de pecado y lo interno luego fluye en las acciones externas de pecado. Ellos fueron tentados hacia la independencia de Dios y así somos nosotros. Como señaló el autor Larry Crabb: "La raza humana empezó con mal pie cuando Eva cedió a la mentira de Satanás de que podía obtener más satisfacción si tomaba las cosas en sus propias manos. Cuando Adán se unió a ella en la búsqueda de la vida fuera de la voluntad revelada de Dios, infectó a todos sus descendientes con la enfermedad de la autogestión. Ahora nadie busca a Dios para encontrar la vida. Lo más natural para nosotros es desarrollar estrategias para encontrar la vida que reflejen nuestro compromiso de depender de nuestros propios recursos."[4] Adán y Eva ya no querían ser la "imago", querían ser "Dei".

En el corazón de todos nuestros pecados está la actitud: *no permitiré que nadie gobierne mi vida, excepto yo mismo.* Esa actitud existe tanto en una persona religiosa como en una no religiosa. La desafiante pretensión de ser autónomo es un pecado que está por debajo de los pecados externos, iniciado por la incredulidad de que

Dios es bueno. Como escribió el apóstol Santiago: "Cada uno es tentado cuando es arrastrado por *su propio mal deseo* y seducido. Entonces, después que el deseo ha concebido, da a luz el pecado, y cuando ha crecido, da a luz la muerte" (Santiago 1:14-15, énfasis añadido).

El pecado de Adán y Eva de comer de ese árbol fue contra la suma de lo que Dios quería de ellos y de nosotros, es decir, amarlo con todo su ser. ¿Por qué? Porque Él es lo mejor del universo. Fueron creados para dar gloria a Dios centrando sus vidas en Él. Sin embargo, eligieron amarse a sí mismos por encima de todo y de todos.

Inmediatamente después de la decisión de Adán y Eva, supieron que eran moralmente culpables y empezaron a tener miedo el uno del otro y de Dios. Estaban psicológicamente arruinados y sentían la vergüenza de sus actos. Por su malvada decisión de buscar su camino egoísta, toda la creación que debían administrar fue destruida y arruinada.

Dios les había advertido: "Moriréis". Y aunque no una muerte física inmediata, sí se enfrentaban a una muerte espiritual inmediata. Lo sabían e intentaron cubrir su vergüenza y esconderse de Dios (véase Génesis 3:7-8).

Dios los maldijo y perdieron su aprobación. Y por Su juicio, fueron expulsados de la comodidad y la seguridad de su lugar en el Edén.

Un amigo corredor de fondo me contó una vez que, mientras corría, pisó un pequeño trozo de metal que le atravesó la zapatilla. Después de llegar cojeando a casa, se le hinchó el pie, así que se puso medicinas y hielo y no le dio más importancia. Pasaron un par de días y el pie seguía hinchado y luego se le hinchó el tobillo. Finalmente fue al hospital donde, tras examinarlo, el médico le dijo: "Menos mal que vino cuando lo hizo, porque si hubiera esperado más, habríamos tenido que amputarle el pie".

Igual que el trocito de metal pinchó a mi amigo, el pecado te pinchó a ti al nacer: "Ciertamente pecador fui al nacer, pecador desde que mi madre me concibió" (Salmo 51:5). Y te ha infectado por completo. Pablo articuló nuestro problema del pecado declarando con firmeza: "No hay justo, ni siquiera uno. . . no hay quien busque a Dios. Todos se han apartado... no hay quien haga lo bueno, ni siquiera uno" (Romanos 3:10-12) y "Todos pecaron y están destituidos de la gloria de Dios" (3:23). Luchas con el pecado porque naciste pecador.

Este acontecimiento en el jardín del Edén nos da contexto y comprensión. Explica muchas cosas de nuestro mundo, como por qué un hombre puede entrar en una reunión de oración de una iglesia y matar o por qué dos adolescentes de instituto pueden disparar a sus compañeros. Ofrece una explicación de por qué tu matrimonio sufre altibajos tan enormes o por qué tu pareja cometió adulterio. Ofrece una explicación razonable de por qué enfermamos tanto de mente y cuerpo o por qué tu mejor amigo murió tras una batalla contra el cáncer.

¿No es esta una explicación razonable de por qué cuando tu pequeño y querido hijo, nacido en un hogar maravilloso, cariñoso y atento, con unos abuelos perfectos, de repente empieza a montar un pequeño berrinche egoísta? ¿Alguna vez enseñó a su hijo a mentir o a empujar a otro niño para quitarle su juguete? ¿Alguna vez has hablado con tu hijo adolescente sobre el arte de saltarse el toque de queda o de escabullirse?

También es una explicación razonable de por qué no puedes dejar de hacer las cosas que odias hacer y no haces las cosas que sabes que deberías hacer para que la vida florezca. Cada uno de nosotros se rodea constantemente de su propia imagen auto-justificadora, auto-exaltadora, auto-exculpatoria y auto-glorificadora. Adán y Eva iniciaron el estilo de vida del "haz lo mío".

He aquí un principio clave: Lo que creas acerca de tu pecado determinará lo que hagas con tu pecado. Si no crees que Dios juzga con justicia, entonces vivirás como quieras. Puede ser lo que usted desea, pero no es la forma en que Dios ama. En última instancia, tu pecado ha causado una brecha entre Dios y tú. Puedes negarlo. Puedes culpar a otra persona o a circunstancias imprevistas. Puedes tratar de drogarte, emborracharte, divertirte o trabajar. Incluso puedes intentar pagarlo tú mismo haciendo algo bueno o donando dinero a la caridad. Pero, ¿ha eliminado todo eso la culpa y la vergüenza con las que vives?

El pecado está destruyendo la vida interior de las personas, así como su salud física, su salud mental, su salud relacional y su salud cultural. El pecado nos esclaviza, destruyendo nuestra dignidad, belleza y propósito. Está pudriendo la imago Dei. El pecado es un cáncer que sentencia a muerte y que debe ser tratado porque Él nos ama profundamente. El juicio del infierno es una realidad porque el amor es una realidad. Podemos intentar ocultar nuestro pecado, como hicieron Adán y Eva, pero Dios lo revelará.

La realidad del juicio

El amor de Dios por Adán y Eva y por toda la creación exigía un juicio inmediato. Y ese juicio fue la muerte eterna, la separación del Dios Padre, santo, bueno y perfecto del universo. Se acerca un tiempo en que Dios tratará personalmente, "cara a cara" (véase Deuteronomio 7:10), con aquellos que lo odian y que no lo aman a Él ni a Su voluntad. Es un pensamiento horrible y aterrador, sin duda.

Sin embargo, incluso ante esa realidad, en el fondo no creemos en su verdad. Insistimos en que no somos odiosos. Nos ofendemos con el apóstol Pablo, que escribió que "nos hemos llenado de toda clase de maldad, maldad, avaricia y depravación" y que "odiamos a Dios" (Romanos 1:29-30).

No entendemos cómo podemos ser enemigos de Dios (Romanos 5:10). Creemos erróneamente que nacemos buenos y asumimos que tenemos buenos motivos. Claro, fallamos algunas veces, perdemos los estribos, somos un poco lujuriosos, tal vez incluso mentimos, cuando es necesario. Reconocemos que no somos perfectos, pero creemos que somos básicamente decentes, respetuosos de la ley y amables. Nos preocupamos por los pobres, el medio ambiente, los discapacitados y la justicia social. Y, espiritualmente, preferimos pensar que *Dios me quiere tal como soy.*

Dios dice que el pago por nuestro pecado es la muerte. Lo dijo en el jardín, y lo ha dicho continuamente, hasta el día de hoy. También lo dirá mañana. No quiero estropearte el día, pero la probabilidad de que mueras es de una entre una. ¿Por qué? Porque nuestros primeros padres pecaron, y nosotros nacemos de ellos.

Morirás físicamente, pero también espiritual y eternamente del Dios que te hizo a menos que aceptes Su gracia vital. Debería dolernos que la mayoría de la gente no descubra la gracia de Dios hasta que sea demasiado tarde.

Después de decir que Dios amó al mundo y envió a su Hijo para dar la vida eterna a los que creen en Él, Jesús resumió sucintamente nuestra condición: "El que cree [en Jesús] no es condenado, pero el que no cree ya está condenado, porque no ha creído en el nombre del Hijo unigénito de Dios" (Juan 3:18).

Si no ha oído esta historia antes o si la ha oído y tiene serias dudas, espero que lo haga, como escribió John Collins:

> Piensa en las intuiciones más profundas que tienes sobre tu propia existencia: que tu vida es real y tiene sentido, que quieres que los demás te traten bien, que hay algo malo en el fondo de las cosas, que todavía hay belleza real en el mundo, que a veces la gente hace cosas realmente admirables y a veces cosas realmente abominables... y que esperas que haya alguna explicación para las complejidades de la vida. [5]

La gracia vital puede ayudarnos a "dar sentido a estas intuiciones" y explicar por qué anhelamos un lugar de paz perfecta y nuestro propio trocito de cielo aquí en la tierra.

El efecto que la gracia vital tiene en nuestras vidas se ve disminuido cuando, en nuestros pensamientos más íntimos, decidimos que Dios es tan amoroso que nunca juzgaría a nadie. Algunos de nosotros tememos ser vistos como estrechos o intolerantes al sugerir que Dios sería tan poco amoroso como para condenar o juzgar a alguien por el mero hecho de ser él mismo.

Permítanme reafirmar el principio: Lo que usted crea acerca de su pecado determinará lo que usted haga con su pecado. Si dices que no tienes pecado o que no existe tal cosa como el pecado, entonces lo más probable es que continúes pecando contra ti mismo, contra otros y contra Dios. Si aceptas que has pecado y no puedes parar, entonces hay necesidad de un rescate.

Una promesa llena de gracia

Puesto que la historia de la gracia es una historia de rescate, en el momento del fracaso en el jardín, Dios hizo una promesa excepcional: "Enviaré a alguien para que se ocupe de la ruina que has hecho. No busques el rescate en tu interior ni en tu propia capacidad para enderezarlo de nuevo". Fue el grito de gracia vital (muy necesaria) de Dios en medio del juicio. Habló al Maligno que dirigió la rebelión: "Pondré enemistad [palabra raíz de *enemigo*, que significa odio y hostilidad] entre ti y la mujer, y entre tu descendencia y la suya" y prometió que el que vendría "te aplastará la cabeza, y tú le herirás el talón" (Génesis 3:15). Prometió un Rescatador que será "traspasado" (muerto por nuestro pecado; véase Isaías 53:5), pero que, sin embargo, será el vencedor del mal y de la muerte con una aplastante derrota.

¿Existe una expresión más aleccionadora y aterradora del odio eterno de Dios por el pecado y de Su justa respuesta para aquellos que son enemigos que la que encontramos en la Cruz? Cuando Su

Hijo hermoso, amoroso, maravilloso y dador de vida, Jesucristo, clamó con profundo lamento: "¿Por qué me has abandonado?". (Mateo 27:46), descubrimos un profundo sentido de la gracia. Una idea perfectísima de la gracia. Nosotros, al ser Él castigado en juicio por nuestros pecados en Su muerte, recibimos algo por lo que no hicimos nada. Sin embargo, no fue nada para Dios, ya que Él pagó el precio de nuestra atrocidad y nos dio toda su bondad para hacernos sus amigos. Puesto que no se puede ser "más bueno" (más correcto) que Jesús, la gracia es esencial para conseguir una vida de amistad con Dios.

Transmitirlo

El problema que Adán y Eva crearon, como hemos visto, se transmitió a la siguiente generación. En Génesis 4 descubrimos que su hijo primogénito, Caín, a quien creían que era el "hombre" que había de venir a rescatar (Eva dijo tras su nacimiento, como se recoge en el versículo 1: "Con la ayuda del SEÑOR he dado a luz un hombre"), era en realidad un asesino. Mató a su hermano Abel en un ataque de celos. La historia de fondo avanza rápidamente a medida que el escritor acelera a través del tiempo, como si pulsara el avance rápido del mando a distancia de la televisión, desde Adán hasta Noé. Cuando el escritor volvió a pulsar "Play", descubrimos que el mundo estaba ahora lleno de "Caínes". Cada persona vivía para sí misma como su propio dios y en desafío independiente de Aquel que la había creado. Dios dijo "basta" y juzgó al mundo con un diluvio.

Con el fin de redimir para sí a un pueblo (véase Tito 2:14), seleccionó por gracia a un hombre, Noé, quien por fe en Dios como el verdadero Rescatador, junto con su familia, encontró su rescate en una gran embarcación llamada arca. Tras la destrucción de la Tierra, la historia retrocede rápidamente en el tiempo y nos encontramos en un mundo lleno de gente, una vez más, empeñada en encontrar su propio camino erigiendo una escalera al cielo y queriendo "hacerse un nombre" (Génesis 11:4). Dios desbarató sus planes rebeldes y separó a las naciones y dispersó a los pueblos por lenguas y geografía.

Podemos tender a pensar que somos básicamente buenos y bien intencionados, que podemos tener algunos malos hábitos, pero, en realidad, seguimos siendo incrédulos de Dios e hijos desobedientes. Pablo lo explica de esta manera: "Así como el pecado entró en el mundo por un hombre [Adán], y la muerte por el pecado, y de esta manera, la muerte llegó a todos los hombres, porque todos pecaron... la muerte reinó desde el tiempo de Adán... el juicio siguió a un pecado y trajo la condenación. . . . En consecuencia . . . por la desobediencia de un solo hombre los muchos fueron constituidos pecadores" (Romanos 5:12, 14, 16, 18-19).

C. S. Lewis observó:

Lo que Satanás metió en la cabeza de nuestros remotos antepasados fue la idea de que podían "ser como dioses" -podían establecerse por su cuenta como si se hubieran creado a sí mismos-, ser sus propios amos, inventar algún tipo de felicidad

para sí mismos al margen de Dios, aparte de Dios. Y de ese
intento desesperado ha surgido casi todo lo que llamamos
historia humana: el dinero, la pobreza, la ambición, la guerra, la
prostitución, las clases, los imperios, la esclavitud, la larga y
terrible historia del hombre que intenta encontrar algo distinto de
Dios que le haga feliz.[6]

A primera vista, algunas personas retroceden ante la idea de que,
porque una persona se rebeló contra el Dios Creador y quiso ser su
propio dios, todos los demás seamos responsables. ¿Cómo puede ser
justo que la decisión de una persona afecte a mi vida? Pero si
consideras tu propia historia, todos los que te precedieron en tu linaje
tomaron decisiones que te afectaron. Cada uno de ellos.

Uno de los programas de televisión que más le gusta a mi mujer
es *Finding Your Roots*. En un episodio, la actriz Queen Latifah era la
invitada. Mientras el presentador, Henry Louis Gates, Jr., le revelaba
la historia de su familia, le pidió que pasara la página del libro que
tenía delante y leyera lo que había allí. El documento decía, en parte:
"Siendo consciente de la injusticia e impropiedad de mantener a mi
semejante en estado de esclavitud, por la presente emancipo y libero
a una mujer negra llamada Jug, de unos veintiocho años de edad,
para que sea libre inmediatamente después de este día, 1 de octubre
de 1792, Mary Old".

Gates dijo: "Estás viendo el momento en que tu familia se hizo
libre".

Queen Latifah respondió: "Qué habrá sentido al saber esto, al
saber que es libre. ¿Qué habrá estado pensando?".

Gates dijo: "El 30 de septiembre de 1792 era esclava. Al día siguiente, estaba libre, todo gracias a esta mujer. Ella decidió que era moralmente incorrecto".

Queen Latifah sonrió. "La gente sigue pensando que una persona no puede marcar la diferencia. Una persona marcó la diferencia para toda mi línea familiar. Mary Old, una persona, marcó la diferencia".[7]

De hecho, la elección de una persona en el pasado también cambió el rumbo de mi vida. A principios de los años veinte, mi abuelo decidió emigrar de Inglaterra con su mujer y su hijo (mi padre) y trasladarse a Estados Unidos. Yo no tuve nada que ver con la decisión, pero gracias a que él tomó la decisión de dejar Newcastle Upon Tyne (Inglaterra) por Boston (Massachusetts), existo como estadounidense. Su decisión afectó a toda mi existencia y ahora a la de mis hijos y sus hijos. Encontrar tus raíces se remonta hasta Adán y la decisión que tomó te afectó. Fuiste hecho a imagen de Dios pero naciste con una maldición de muerte.

Estamos listos para el rescate y la renovación

¿Qué tiene que ver nuestra historia con la gracia vital? Desde Génesis 12 (la llamada de Abraham) hasta el presente, Dios tiene la misión de rescatar a sus hijos perdidos del desastre que ocurrió en el jardín. Lo perdimos todo. No tenemos nada. Estamos bajo una maldición. Intentamos arreglárnoslas solos, construyendo una vida para nosotros mismos, pero descubrimos que lo necesitamos todo porque no tenemos nada.

El escritor de Proverbios nos recuerda que "hay un camino que parece recto" -parece el camino a seguir- pero conduce lejos de la vida (14:12). ¿Has aprendido ya esta verdad? Nos ponemos en marcha con un plan para que las cosas salgan bien y, en algún momento del camino, nos damos cuenta de que estamos sobrepasados y sentimos que nos ahogamos. El sabio escritor del Proverbio tenía razón: parecía lo correcto en ese momento, pero al final conduce a la muerte.

Tanto dudar de Dios y confiar en nosotros mismos sólo nos ha llevado a la esclavitud y a la fractura social: básicamente a ninguna parte. ¿No sería liberador descubrir que hay una manera de que Alguien nos dé todo lo que necesitamos, no por lo que podamos producir, sino por Su gracia gratuita?

La respuesta a tu problema con el pecado no es un "qué" sino un "Quién". Dios sí envió a un Hombre, "nacido de mujer" (Gálatas 4:4), que se convirtió en maldición por nosotros (Gálatas 3:13). Y ese Hombre, Cristo Jesús, es el único mediador entre Dios y la humanidad (1 Timoteo 2:5). La historia del Evangelio trata de Dios rescatando a Sus hijos perdidos sólo por Su gracia a través de la vida, muerte, resurrección y ascensión al trono de Cristo como Rey. Él está renovando y renovará lo que estaba arruinado a causa de esa gracia. La historia de fondo nos da el "por qué" necesitamos rescate, gracia y renovación.

Todo el relato evangélico, que avanza desde Génesis 12 hasta Apocalipsis 21, explica cómo Dios tiene la misión de rescatar a sus hijos y renovar su planeta desbocado. Él hará todo lo que nosotros no podemos hacer. Él mismo vino y comenzó un nuevo reino. Como promete Apocalipsis 21 Un día volverá el Rey de toda la creación, el Rey del amor. Y cuando la primera tierra desaparezca, la Nueva Jerusalén descenderá de Dios. No necesitará el sol ni la luna porque la gloria de Dios la iluminará. Dios mismo estará en la tierra nueva. Todas las naciones vivirán a la luz de su gloria. Los que hayan recibido su gracia serán su pueblo y Él será su Dios.

Capítulo 3
Nuestro rescate vital

"Por eso la promesa viene por la fe, a fin de que por la gracia quede
garantizada para toda la descendencia de Abraham; esta promesa no
es solo para los que son de la ley, sino para los que son también de la
fe de Abraham, quien es el padre que tenemos en común..."

-Romanos 4:16

La lectura de los antecedentes de la historia de la gracia puede hacer
que nos preguntemos: "¿Es posible el rescate?" o "¿Puede renovarse
este mundo fugitivo?". Sólo los once primeros capítulos del Génesis
pueden hacer que nos preguntemos: "¿Hay alguna esperanza para la
condición humana desde que quedamos bajo una maldición?".

Para responder a la necesidad de nuestro rescate y renovación
del mundo, podríamos pensar, como en la mayoría de las historias,
que la escena inicial nos presentaría a un niño pequeño que acabaría
convirtiéndose en el héroe. Tal vez nos encontraríamos con un
guerrero juvenil en formación como Luke Skywalker o Rey en La
guerra de las galaxias, o un William Wallace en Braveheart, o una
princesa fuerte como Fa Mulán, o Elena Ransom en The Firebird

Unit, o incluso un chico sin pretensiones como Harry Potter, que fue entrenado para ser el elegido para un momento determinado.

Así es como fuimos creados en la historia de la Creación. Necesitábamos a alguien que viniera a buscarnos y que hiciera por nosotros lo que somos incapaces de hacer por nosotros mismos. Desde el momento en que nuestros primeros padres decidieron intentar ser dioses por sí mismos, su decisión ha reverberado a lo largo de la larga y triste historia de la humanidad alejada de Dios.

Sin embargo, la historia de la gracia comienza el rescate global del planeta con un hombre de setenta y cinco años sin hijos y su esposa de las llanuras desérticas de lo que hoy es Irak. Dios suele elegir comenzar por lo que parece imposible. Cuando Dios hace esto, comúnmente usa cosas débiles, tontas, espléndidos pecadores, personas que carecen de influencia, miserables rebeldes que carecen de recursos financieros o fuerza física, y personas que el mundo considera nada, para que nadie pueda confundir quién está realmente rescatando y renovando. La gracia bondadosa y gratuita de Dios es el gran y único recurso para todos nosotros.

La historia del rescate sólo por la gracia comienza con Abraham, que sigue siendo una figura importante en la historia en curso. A partir de Génesis 12, las promesas de Dios se cumplen gracias a la relación de Abraham con Dios. Y encontramos una doctrina central en el cristianismo que se basa en una afirmación sobre Abraham: "Abram creyó al Señor, y el Señor se lo reconoció como justicia." (Génesis 15:6; Romanos 4:3, 9, 22). El autor y teólogo Christopher Wright observa:

Capítulo 3

"La llamada de Abraham es el comienzo de la respuesta de Dios a la
maldad de los corazones humanos, a las luchas de las naciones y al
gemido de quebranto de toda su creación. Es el comienzo de la
misión de Dios y de la misión del pueblo de Dios".[1] Si
quieres entender tu propia historia de gracia y rescate vital,
necesitarás conocer la historia de Abraham, porque todas nuestras
historias fluyen de la suya.

¿Quién es ese Abraham?

Abram, su nombre antes de la intrusión de Dios en su vida, era de
una ciudad llamada Ur. La ciudad era sofisticada para su época y
quizá la más grande del mundo conocido, con unas sesenta y cinco
mil personas o el 0.1 por ciento de la población mundial.[2] Era un
centro comercial, ya que tenía un puerto marítimo que permitía
mucho comercio. La zona contaba con un número considerable de
granjas y ranchos, y Abram podría haber sido propietario de uno de
ellos. Ur también era conocida por su educación superior, en la que
se enseñaban matemáticas e idiomas. Al ser cosmopolita, gozaba de
fama por su politeísmo. Se había construido un gran templo, el
Zigurat de Ur (probablemente uno como la primera torre de Babel)
que permitía a sus ciudadanos adorar a varias deidades diferentes.

Abram y su familia, como todos sus vecinos, eran adoradores de
ídolos, probablemente seguidores del dios de la luna, Lunar (véase
Josué 24:2). Abram no es el típico héroe. No buscaba a Dios ni
rescataba a nadie, pero su historia es fundamental para entender toda
la historia de rescate de la gracia, porque a partir de este momento,

Dios se refiere a sí mismo como "el Dios de Abraham" (p. ej., Génesis 26:24; Éxodo 3:6; Salmo 105:8; Mateo 22:32). Él nunca hace promesas o votos porque Él es el "Dios de Noé" o el "Dios de Adán", sino porque "Yo soy el Dios de Abraham". Abraham es el único Padre de todos los que creen en el Evangelio de Cristo (véase Romanos 4:11). Curiosamente, tres de las religiones más influyentes del mundo -el judaísmo, el islam y el cristianismo- consideran a Abraham como su padre.

Y, sin embargo, Abram no tenía hijos. Era un rico hombre de negocios que, a la edad de setenta y cinco años, asumió con razón, junto con su esposa Sarai, que no tendrían a nadie con quien compartir su fortuna. Cargaban con la vergüenza cultural de la esterilidad. Pero Dios irrumpió en la oscuridad y, por pura gracia, amó a este hombre, revelándose a él.

Podemos entender mejor el viaje de Abraham en unos pocos capítulos clave del Génesis. El desarrollo de su historia es la respuesta de Dios al problema de nuestra rebelión al amor y la autoridad de Dios. Dios comenzó con un anciano perdido y lo amó. ¿Por qué decidió Dios amar a Abram, adorador de ídolos? Porque le amaba. Eso suena circular, lo sé, pero escucha las palabras de Moisés explicando la llamada de Dios a los israelitas: "El Señor se encariñó contigo y te eligió, aunque no eras el pueblo más numeroso, sino el más insignificante de todos. Lo hizo porque te ama y quería cumplir su juramento a tus antepasados [Abraham, Isaac y Jacob]..." (Deuteronomio 7:7-8).

Varios capítulos después, añade: El Señor "se encariñó con tus antepasados y los amó; y a ti, que eres su descendencia, te eligió de entre todos los pueblos, como lo vemos hoy." (Deuteronomio 10:15). ¿Por qué eligió Dios a Abram? Porque le amaba. Según el apóstol Pablo, Dios predicó el Evangelio a Abraham: "En efecto, la Escritura, habiendo previsto que Dios justificaría por la fe a las naciones, anunció de antemano el evangelio a Abraham: «Por medio de ti serán bendecidas todas las naciones»" (Gálatas 3:8).

Aunque la historia de la gracia de Abraham es larga, podemos centrarnos en cuatro viñetas que marcan la progresión del Evangelio que le fue revelado: Gracia para las naciones, Gracia gratuita, Gracia para cada generación y Gracia del Hijo verdadero. Abraham, sin duda, no entendió todo lo que nosotros sabemos (pudiendo mirar atrás al significado ahora que Jesús ha venido), pero sí le fue dado el evangelio y sí le creyó a Dios.

Viñeta nº 1: Gracia para las naciones

Para empezar a llegar a las naciones de nuestro fugitivo planeta, Dios llamó a Abraham a salir de su tierra e ir a un lugar que el Señor le mostraría. La llamada a ir es literalmente "ir" a la tierra prometida. No es una tierra por la que Abraham trabajaría, sino una tierra que recibiría como regalo de gracia de Dios para él:

El SEÑOR había dicho a Abram: "El SEÑOR le dijo a Abram: «Deja tu tierra, tus parientes y la casa de tu padre, y vete a la tierra que te mostraré. »Haré de ti una nación grande, y te bendeciré; haré famoso tu nombre, y serás una bendición. Bendeciré a los que te bendigan y maldeciré a los que te maldigan; ¡por medio de ti serán bendecidas todas las familias de la tierra!» (Génesis 12:1-7).

Al final de la historia de fondo (Génesis 11), aprendimos cómo el pueblo se había dispersado por todo el mundo y se habían establecido múltiples naciones. Dios es un Dios cuyo objetivo es alcanzar a todas las naciones con Su evangelio de gracia. La promesa de gracia de Dios fue justificar a los gentiles (las naciones) por la fe, y dio la promesa: "Te bendeciré [Abraham]... ¡por medio de ti serán bendecidas todas las familias de la tierra!» (Génesis 12:2-3).

Christopher Wright señala: "Ahora bien, el punto principal de la promesa de Dios a Abram no era meramente que tendría un hijo, y con ello descendientes que serían especialmente bendecidos por Dios, sino que a través de ese pueblo de Abram Dios traería bendición a todas las naciones de la tierra. . . . Hay un alcance y una perspectiva universal para él y para ellos: una nación por el bien de todas las naciones".[3]

Es fundamental para toda la historia de la gracia que veamos desde el principio que Dios tiene muy buenas noticias para las naciones o pueblos del mundo. La gracia vital no es solo para un grupo de personas, raza o cultura. No es algo americano. Es fundamentalmente un evangelio de gracia para toda la tierra. Nadie tiene que ganarse el camino de vuelta a Dios. Cualquiera puede obtener algo a cambio de nada, no sólo tú y yo.

Necesitamos recuperar todo el alcance de la gracia vital de Dios que dice que Dios está haciendo algo por la condición del mundo. Nos aleja de la preocupación por lo que Dios está haciendo sólo por "mí" y nos lleva a lo que Dios está haciendo en el mundo.

El Dios de toda gracia tiene un alcance cósmico. Él vino a revertir, a través de un evangelio de gracia a las naciones, los efectos de la maldición mundial que originaron nuestros primeros padres Adán y Eva. De ese modo, nadie podrá jactarse de haber "trabajado mi camino de regreso a Dios".

El propio Jesús recordó a sus discípulos el alcance internacional de su gracia cuando les dijo: "Id por todo el mundo con la gracia de Dios, comenzando por vuestra Jerusalén, pasando a vuestra región y a las naciones" (Mateo 28, paráfrasis mía). Él tiene una misión. Tiene un pueblo para su misión. Y tú debes estar en su misión. Un día multitudes de "todas las naciones, tribus, pueblos y lenguas" adorarán a Cristo todos juntos (Apocalipsis 7:9), porque Abraham, en fe, comenzó un movimiento mundial de gracia.

Viñeta n° 2: Es un concierto gratuito

A Abraham se le había prometido un hijo, un heredero, pero él y Sarai tenían ya más de noventa años y seguían sin tener hijos. Habían pasado años desde que Dios había dicho que le daría un hijo. Y finalmente Dios habló:

Después de esto, la palabra del SEÑOR vino a Abram en una visión: «No temas, Abram. Yo soy tu escudo, y muy grande será

Stopة

tu recompensa». Pero Abram le respondió: —SEÑOR y Dios, ¿para qué vas a darme algo, si aún sigo sin tener hijos…? … Le contestó el SEÑOR—. Tu heredero

será tu propio hijo. Luego el SEÑOR lo llevó afuera y le dijo:— Mira hacia el cielo y cuenta las estrellas, a ver si puedes. ¡Así de numerosa será tu descendencia! Abram creyó al SEÑOR, y el SEÑOR se lo reconoció como justicia (Génesis 15:1-7).

Abraham básicamente le preguntó a Dios: "¿Dónde está el hijo - el hombre- que nos prometiste? ¿Qué me darás para demostrarme que Tu promesa es cierta?". Y Dios le dijo: "Mira las estrellas, cuéntalas. Ese es el número de hijos que tendrás".

El fallecido cantante y compositor Rich Mullins escribió una canción, "Sometimes by Step", que recogía el encuentro de Abraham con Dios y recordaba "cómo una estrella que vio se había encendido para mí", porque miles de años después, la gracia de Dios le fue concedida a Rich.[4] Nosotros podemos decir lo mismo: que una de esas estrellas te representaba a ti y otra a mí.

La historia continuó mientras Abram respondía a la promesa con razonable curiosidad:

Pero Abram le preguntó:—SEÑOR y Dios, ¿cómo sabré que voy a poseerla? El SEÑOR le respondió: —Tráeme una ternera, una cabra y un carnero, todos ellos de tres años, y también una tórtola y un pichón de paloma. Abram llevó todos estos

animales, los partió por la mitad, y puso una mitad frente a la
otra, pero a las aves no las partió. Y las aves de rapiña
comenzaron a lanzarse sobre los animales muertos, pero Abram
las espantaba. Al anochecer, Abram cayó en un profundo sueño,
y lo envolvió una oscuridad aterradora... Cuando el sol se puso
y cayó la noche, aparecieron una hornilla humeante y una
antorcha encendida, las cuales pasaban entre los animales
descuartizados. En aquel día el SEÑOR hizo un pacto con Abram.
Le dijo: —A tus descendientes les daré esta tierra... (Génesis
15:8-12, 17-18).

Abram volvió a preguntar: "¿Cómo sabré que esto es verdad?".
No estaba dudando, sino pidiendo con fe a Dios que le diera alguna
respuesta. Dios le dijo a Abram que recogiera determinados animales
(que se utilizarían más tarde en el sistema de sacrificios de Israel),
los cortara por la mitad y los pusiera en el suelo. Entonces cayó en un
profundo sueño y tuvo una visión. Un crisol de fuego humeante y
una antorcha ardiente pasaban entre las piezas. Dios, que aparece
más tarde como una columna de fuego y una nube de humo, está
demostrando su gracia: Abram obtendrá algo a cambio de nada. Dios
tendrá que pagar el precio, pero para Abram fue una gracia gratuita,
inmerecida.

No entendemos lo que se está haciendo porque sólo redactamos
contratos o memorandos de entendimiento, los firmamos y los
sellamos. Si compras una hipoteca para un terreno o una casa, firmas
un papel en el que te comprometes a pagar al propietario o
prestamista una determinada cantidad de dinero. Lo mismo ocurre

con todos los acuerdos contractuales que se hacen hoy en día, desde alquilar un coche hasta tener un teléfono móvil, hay que firmar un papel (digitalmente o con tinta).

Tenían una cultura diferente. Abram entendió lo que pasaba porque este concepto era común para él. Puede que lo haya hecho en sus propios negocios una o dos veces en Ur. En aquellos días, cuando alguien iba a vender o a dar a una persona tierras o a celebrar cualquier contrato formal, la persona hacía una promesa, cortaba un animal y ambas partes lo atravesaban. La persona hacía una promesa y si no cumplía los términos (él era el macho cabrío), le pasaría lo mismo que al animal.

Lo que Abram nunca imaginó es que sólo Dios hizo el camino. Era verdaderamente asombroso. Dios estaba diciendo, yo hago esto contigo. Me quedo con las dos partes del trato, porque te lo doy todo a cambio de nada". "Lo verdaderamente asombroso de todo el incidente", escribe el autor Steve Brown, "es que fue Dios -y sólo Dios- quien caminó por el sendero entre los animales picados. Dios estaba diciendo que Abram no tenía que hacer nada".[5] Dios cumplió ambas partes del trato.

Abraham vaciló, por supuesto, y confió en su ingenio humano para intentar ayudar a Dios. Confió en sí mismo y utilizó a la sirvienta de su esposa, Agar, para que le diera un hijo. Ella dio a luz a Ismael, hijo de su carne y no de la fe, y se convirtió en el padre de los persas.

En última instancia, sin embargo, Abraham creyó a Dios:

> Por eso la promesa viene por la fe, a fin de que por la gracia
> quede garantizada para toda la descendencia de Abraham [ese
> eres tú, si eres seguidor]... [Él] es el padre que tenemos en
> común delante de Dios, tal como está escrito: «Te he confirmado
> como padre de muchas naciones». Así que Abraham creyó en el
> Dios que da vida a los muertos y que llama las cosas que no son
> como si ya existieran... Ante la promesa de Dios no vaciló como
> un incrédulo (Romanos 4:16-17, 20).

Abraham creía en la promesa de un heredero, pero no buscaba
simplemente un hijo para poder repartir puros entre sus amigos o
para tener un tocayo. Buscaba al hombre prometido de Génesis 3:15,
un hombre que vendría para aplastar la cabeza de Satanás y
encargarse del desastre. Abraham creía en la historia de gracia de que
Dios proveería al Hombre de la Promesa.

Parte del misterio de la gracia es que Dios es capaz de tomar un
acontecimiento en la vida de un personaje y demostrar Su gracia a
través de él. El claro evangelio de la gracia en este acontecimiento
histórico es que Dios vino un día y cumplió el trato.

Aunque Jesús no falló en su parte, aún así fue "cortado a muerte"
porque nosotros no cumplimos nuestra parte del trato. Por nuestra
elección de alejarnos de Dios Padre, Él hizo que Dios Hijo (también
llamado Hijo del Hombre), que no tenía ninguna ruina o rebelión, se
arruinara por nosotros, para que pudiéramos tener la renovación
prometida. Como escribió Pablo: "Y esto de que «se le tomó en

cuenta» no se escribió solo para Abraham, 24 sino también para nosotros. Dios tomará en cuenta nuestra fe como justicia, pues creemos en aquel que levantó de entre los muertos a Jesús nuestro Señor. 25 Él fue entregado a la muerte por nuestros pecados, y resucitó para nuestra justificación (Romanos 4:23-25).

Abraham recibió algo a cambio de nada. Recibió algo que no merecía, y nosotros también. Es una gran noticia.

Viñeta n° 3: A cada generación

Una de las cosas que confunde a la gente que no son "de la iglesia" es la cantidad de tipos diferentes de iglesias y creencias cristianas que hay. Hay muchas marcas diferentes y eso les molesta y confunde. Las personas escépticas que no entienden por qué hay diferencias simplemente lo ven como una razón más para no creer. Razonan que si el cristianismo fuera verdad, entonces todo el mundo estaría de acuerdo en todo.

Sin embargo, una de las razones de las diferencias no tiene que ver con la historia más amplia de la gracia de Dios hacia nosotros, sino con algunos detalles de la historia. Valoro las diferencias. No somos un grupo soso de seguidores pálidos y fotocopiados.

Una cuestión que los cristianos han debatido, por ejemplo, es si se cree que Dios actúa por línea familiar o sólo individualmente. Los que creen que Dios actúa por línea familiar se remontan a la historia de Abraham. En Génesis 17, Dios le dijo a Abraham: "Este es el pacto que establezco contigo: Tú serás el padre de una multitud de naciones. 5 Ya no te llamarás Abram, sino que de ahora en adelante tu nombre será Abraham, porque te he confirmado como padre de una multitud de naciones. Te haré tan fecundo que de ti saldrán reyes y naciones." (vv. 4-6).

Pero entonces, Dios amplió la comprensión de Abraham sobre la relación que la gracia que le había dado a él y a su familia:

Estableceré mi pacto contigo y con tu descendencia, como pacto perpetuo, por todas las generaciones. Yo seré tu Dios, y el Dios de tus descendientes... —Cumple con mi pacto, tú y toda tu descendencia, por todas las generaciones. Y este es el pacto que establezco contigo y con tu descendencia, y que todos deberán cumplir: Todos los varones entre ustedes deberán ser circuncidados... y esa será la señal del pacto entre nosotros. Todos los varones de cada generación... tanto los niños nacidos en casa... [y los que] no sean de la estirpe de ustedes... [Será] un pacto perpetuo. (Génesis 17:7, 9-13).

En el desarrollo de la gracia de Dios, Dios le dio a Abraham una forma de expresar exteriormente el cambio interior de corazón que le había sucedido personalmente. La circuncisión, el corte físico de la carne, fue dada a Abraham, y luego a sus hijos para significar su obra hecha por ellos. La señal indicaba la necesidad de limpieza y el proceso de esa limpieza, el corte, en una especie de juicio (sangriento) y la sanidad nueva de ese juicio. Y observe que fue dado a dos grupos de personas: los nacidos en su casa y los que no eran de su descendencia.

Abraham debía circuncidar a cada hijo nacido en la "familia" y a todos los varones adultos traídos a la familia. Era un pacto para siempre. Como hijos de Abraham, estamos incluidos en la familia.

En la historia aprendemos que la ruina personal y la alienación de Adán y Eva se habían transmitido a sus hijos Caín y Abel (véase Génesis 4). Que la ruina continuó transmitiéndose es evidente, pero la gracia de Dios se desplaza por las líneas familiares y actúa a través de los abuelos, los padres y sus hijos, y a través de tantas generaciones como permanezcan fieles a Su promesa.

Cuando Cristo vino, el cumplimiento de la expresión externa se encontraba ahora en Su muerte sangrienta, y Él asumió todo el castigo y el juicio de Dios. Como Pedro, el apóstol de Cristo, anunció a los nuevos creyentes en Hechos 2:39: "la promesa es para ustedes, para sus hijos y para todos los extranjeros". Así que en los primeros relatos de la gracia de Dios salvando vidas, una pista importante de la inclusión de las familias es que se decía que hogares enteros habían creído y habían sido bautizados (véase Cornelio, Hechos 10; la casa de Lidia, Hechos 16; la casa del carcelero, Hechos 16; la casa de Crispo, Hechos 18; y la casa de Estéfanas, 1 Corintios 1). Dios sigue obrando por línea familiar. Recibimos todas las bendiciones que Abraham recibió y más.

Muchas iglesias utilizan diferentes formas para celebrar o reconocer el deseo de Dios de obrar a través de las familias. Algunas celebran la dedicación de un niño, mientras que otras utilizan el bautismo. Aunque la dedicación de infantes y el bautismo infantil no son lo mismo, expresan el deseo de ver el amor y la gracia de Dios transmitirse a las vidas de los hijos de los seguidores de Cristo.

Pablo escribió para aclarar lo que Dios estaba haciendo al obrar su amor y gracia de una generación a la siguiente cuando escribió:

> Y también es padre de aquellos que, además de haber sido circuncidados, siguen las huellas de nuestro padre Abraham, quien creyó cuando todavía era incircunciso. En efecto, no fue mediante la ley como Abraham y su descendencia recibieron la promesa de que él sería heredero del mundo, sino mediante la fe... Por eso la promesa viene por la fe, a fin de que por la gracia quede garantizada para toda la descendencia de Abraham; esta promesa no es solo para los que son de la ley [de descendencia judía], sino para los que son también de la fe de Abraham, quien es el padre que tenemos en común (Romanos 4:12-13, 16)

Ahora somos hijos e hijas adoptivos de Dios. Como escribió el teólogo cristiano James Packer, "Nuestro primer punto sobre la adopción es que es el privilegio más alto que ofrece el Evangelio: más alto incluso que la justificación... En la adopción, Dios nos acoge en su familia y comunión y nos establece como hijos y herederos. La cercanía, el afecto y la generosidad están en el centro de la relación. Estar bien con Dios juez es algo grande, pero ser amado y cuidado por Dios padre es algo más grande".[6]

Si usted es padre, Dios está trabajando desde usted hacia la vida de sus hijos. Usted debe orar con y por cada niño. Usted tiene una oportunidad única para demostrarles la gracia. Tanto su necesidad como la tuya de gracia. A través de ti, ellos comienzan a formarse una idea de cómo es Dios. Podrías criarlos para que se centren en un buen comportamiento moral o en llegar a tener una buena educación y seguridad económica. Ni lo uno ni lo otro es lo que les salvará de su propia ruina espiritual. Tú puedes elegir lo que vas a hacer en sus historias para llevarles a ver la gracia todo suficiente que Dios les ha ofrecido para toda la vida.

Si eres soltero, tienes una gran oportunidad de convertirte en un padre espiritual para otros. Dios todavía quiere trabajar en las vidas de otros a través de ti. Tal vez sea con otros en la iglesia o en un refugio local, o siendo un mentor. Tal vez Dios te está llamando a participar en el cuidado de crianza, adopción o patrocinio de niños con una agencia cristiana. La gracia puede ser demostrada y compartida a través de las vidas de solteros o parejas sin hijos.

A través de nuestro Padre de la fe, Dios ha prometido una nueva comunidad basada en su amor desbordante; una misión renovada para nosotros; una esperanza bondadosa para nuestras familias; y una visión restaurada para nuestro futuro.

Viñeta nº 4: El Hijo Verdadero

Ahora en la historia encontramos una última viñeta evangélica. Abraham y Sara tenían ciento noventa años respectivamente cuando tuvieron milagrosamente un hijo llamado Isaac, que significa risa. La vida parecía estupenda. Dios les había proporcionado un heredero. Y entonces un día Dios se presentó de nuevo. Esta vez para poner a prueba la fe de Abraham. Dios le dijo que tomara a "su único hijo" Isaac y lo sacrificara en el monte Moriah.

Una vez más, encontramos un lenguaje que sería familiar para Abraham en la orden de tomar a Isaac e "ir" al lugar que Dios le mostraría. No podía haber pasado por alto la promesa desde el primer día que oyó a Dios decir "[vete] a la tierra que te mostraré".

Si no está familiarizado con la historia, sospecho que le vienen preguntas: ¿Por qué mandaría Dios a Abraham matar a su hijo? ¿Cometió Abraham algún pecado horrible que justificara que sacrificara a su hijo? ¿No es esto una violación de la propia ley de Dios contra el sacrificio de niños? ¿No es una forma de abuso infantil cósmico? Estas son las preguntas que plantean los deconstruccionistas al cuestionar la gracia del Evangelio.

En su libro Dioses que fallan, Tim Keller explica esta historia de forma convincente:

Si Abraham hubiera oído una voz parecida a la de Dios que le decía: "Levántate y mata a Sarai", probablemente nunca lo habría hecho. Habría supuesto con razón que estaba alucinando, porque Dios no le pediría que hiciera algo que contradecía claramente todo lo que había dicho sobre la justicia y la rectitud. Pero cuando Dios le dijo que la vida de su único hijo estaba en peligro, no fue una declaración irracional y contradictoria para él. Fíjate, Dios no le estaba pidiendo que caminara hasta la tienda de Isaac y simplemente lo asesinara. Le pidió que le hiciera una ofrenda quemada. Estaba reclamando la deuda de Abraham.

Su hijo iba a morir por los pecados de la familia. Abraham se enfrentó al asunto definitivo: Dios es santo. Nuestro pecado significa que la vida de Isaac está perdida. Sin embargo, Dios es también un Dios de gracia. Ha dicho que quiere bendecir al mundo a través de Isaac. ¿Cómo puede Dios ser santo y justo y, al mismo tiempo, cumplir su promesa de salvación?[7]

El escritor de Hebreos nos informa de que, por fe, cuando Dios puso a prueba a Abraham, Abraham ofreció a Isaac como sacrificio, a pesar de que Dios le había dicho que Isaac era el hijo que se le había prometido, porque razonó que Dios podía resucitar a los muertos y, hablando en sentido figurado, recibió a Isaac de vuelta de la muerte (lea Hebreos 11:17-19). Isaac fue voluntariamente, no como víctima de abuso.

Su "muerte y resurrección" representaban al Verdadero Cordero y Verdadero Hijo que iba a ser asesinado. Los versículos 11 y 17 de Romanos 4 nos recuerdan que creyó en Dios, que da vida a los muertos y llama a las cosas que no son como si fueran. Abraham, dijo Jesús, deseaba ver a Cristo, así que para "verlo", tuvo que subir al monte Moria con Isaac y sacrificarlo, entonces Abraham pudo "ver" a Cristo. Abraham llamó a ese lugar Jehová-Jireh, que significa "el Señor proveedor", porque el Señor sí proveía: se proveyó a sí mismo. Abraham "vio" su muerte y resurrección venideras y se alegró (véase Juan 8:56).

Aprendemos cuán grande es el amor del Padre hacia nosotros para que podamos ser llamados hijos de Dios. Asombroso. Es el "wow" de la gracia vital y debería dejarnos sin aliento: "Así manifestó Dios su amor entre nosotros: en que envió a su Hijo unigénito al mundo para que vivamos por medio de él. En esto consiste el amor: no en que nosotros hayamos amado a Dios, sino en que él nos amó y envió a su Hijo para que fuera ofrecido como sacrificio por el perdón de nuestros pecados" (1 Juan 4:9-10). El Padre llevó a su Hijo unigénito cuesta arriba hasta una cruz, que yació en el altar voluntariamente, por así decirlo. Keller añadió: "Sólo Jesús da sentido a esta historia. La única manera de que Dios pueda ser a la vez 'justo' (exigiendo el pago de nuestra deuda de pecado) y 'justificador' (proporcionando la salvación y la gracia) es porque años después otro Padre subió a otro 'monte'... con su primogénito y lo ofreció allí por todos nosotros".[8]

Si vemos este acontecimiento sólo como un ejemplo a seguir, que debemos hacer como Abraham y renunciar a todos nuestros Isaacs (nuestros ídolos, héroes), y no como un acto de gracia, entonces podríamos terminar creyendo que de alguna manera podríamos merecer nuestro camino hacia Dios siendo más comprometidos.

¿Pero qué tal si este evento no se trata de ti y de lo que tú sacrificas por Dios, sino de lo que Él ya ha hecho por ti? Sí aprendemos que Dios requiere un sacrificio total, pero lo asombroso es que Él mismo proveyó el sacrificio. Isaac no era suficiente. Y tampoco lo son tus "Isaacs". Realmente todo es por gracia solamente.

Las palabras de Dios a Abraham: "Ahora sé que me amas, porque no me has negado a tu hijo único", nos recuerdan a otro Padre: "El que no escatimó ni a su propio Hijo, sino que lo entregó por todos nosotros, ¿cómo no habrá de darnos generosamente, junto con él, todas las cosas?" (Romanos 8:32). El costo de tu nueva vida lo es todo. Y puesto que Dios mismo lo proporcionó y te lo ha dado gratuitamente, el ejemplo de Abraham es recibir por fe lo que Dios ha hecho por ti. El escritor de himnos Charles Wesley lo resumió muy bien: "Asombroso amor ¿cómo puede ser que Tú, mi Dios, mueras por mí?".[9] Era una misión de rescate y se cumplió. Abraham y la promesa nos señalan a Cristo. La Biblia no dice "y a las simientes", refiriéndose a todos los descendientes de Abraham, sino "la Simiente", refiriéndose a una persona, que es Cristo (Gálatas 3:16).

¿Qué historia quieres que cuente tu vida? Cada día tomas decisiones que orientan tu vida en un sentido u otro. Aunque tengas poco o ningún control sobre las circunstancias de la vida, estás en buena compañía, porque Abraham tampoco lo tenía. Pero hay una realidad que sigue siendo el núcleo de su historia: la gracia de Dios que le fue concedida gratuitamente cambió por completo su visión del mundo y la trayectoria de su vida.

Gracia implacable

¿Cuántos años estuvo Dios entablando su relación con Abraham y Sara? Él emprendió un viaje de más de veinticinco años persiguiéndolos implacablemente con su gracia. Claro que Abraham falló, redirigió su creencia, trató de manipular la situación, ayudar a Dios, y tratar de hacer su parte. A menudo confiaba en sí mismo, pero la gracia seguía llegando a él. Abraham fue imprudente con el tesoro que Dios le había dado, pero Dios no se amilanó, sino que siguió en su búsqueda amorosa a Abraham. Esa es la implacable gracia de Dios.

El Dios de toda gracia fue implacable en su diálogo con Abraham. Le habló. Abraham le respondió. La oración, nuestro continuo diálogo y comunicación con Dios, está lejos de ser yo diciéndole a Dios cómo dirigir mi vida o dándole consejos sobre cómo debe dirigir su universo. Más bien, es la conversación del Dios perseguidor con sus seres queridos. Abraham aprendió a amar a los demás más que a sí mismo, gracias a la gracia que Dios le había concedido (p. ej., Génesis 18:20-33 describe cómo rogó a Dios que Sodoma no fuera juzgada).

Sí, Abraham creía en las promesas de Dios. Creo que Abraham se arrepintió de su autosuficiencia. Obedeció por fe cuando dejó su tierra natal. Miró hacia una nueva ciudad. Se sacrificó. También tuvo una pasividad activa en su vida. Pero todo y sólo por la implacable búsqueda de Dios en su corazón y en su vida. Dios quería que conociera la verdadera vida-la vitalidad de la vida en el conocimiento de Dios, incluso de Jesucristo (Juan 8:56 dice que Abraham se regocijó cuando vio a Jesús y se alegró). Es para lo que fuimos hechos. Abraham amó a Dios porque Dios lo amó primero, y nosotros amamos a Dios porque Él nos amó primero.

Uno de los resultados de la implacable gracia de Dios fue que Abraham se convirtió en el primer hacedor de discípulos. Es el "padre de todos los que creemos". Abraham nos discipula para que crezcamos en "la fe" (en Dios, que "da vida a los muertos y llama a las cosas que no son como si fueran"), no en nuestra fe. Él mostró la forma en que opera la gracia.

La gracia inagotable de Dios para Abraham y para ti y para mí se demostró en el sacrificio voluntario del Hijo Verdadero, la Semilla Verdadera, el Hombre Verdadero, quien "nos libró del dominio de la oscuridad y nos trasladó al reino de su amado Hijo, en quien tenemos redención, el perdón de pecados" (Colosenses 1:13).

Cuidado con los perros

Alguien me envió una foto de dos perros acostados en la hierba, con las patas en alto, que parecían reírse y pasándolo bien. Un perro le dice al otro: "Entonces me dijo: 'Entra. No te preocupes, no muerde'. Y le mordí". Cuando veo una señal de "cuidado con el perro", no hace falta que me avisen dos veces. Ser mordido hace que tener cuidado y mantenerse alejado tenga sentido.

Pablo colgó un cartel de "CUIDADO CON EL PERRO" cuando advirtió a su familia cristiana en la iglesia de Filipos, que los falsos maestros estaban haciendo afirmaciones falsas. Enseñaban que Jesús no era suficiente para ganar el favor de Dios y que no importaba lo que hicieran en sus cuerpos porque el cuerpo era mundano y no espiritual, así que podían vivir como quisieran. Tenemos algo de eso hoy en día. Ninguna de esas enseñanzas es el evangelio de la gracia.

Nosotros también debemos tener cuidado con cualquier maestro, no importa lo brillante, elocuente o educado que sea, que afirme que tiene una nueva visión, una nueva enseñanza, una nueva verdad que la Iglesia ha pasado por alto durante los últimos dos mil años. Debemos cuidarnos de cualquiera que afirme que la justificación no significa que Dios nos declara moralmente justos con Dios. Debemos cuidarnos de cualquiera que niegue que Cristo nos ha dado el 100 por ciento de su rectitud y justicia y que estamos en Él ahora.

Voces prominentes en la iglesia están predicando que la doctrina histórica de que Cristo murió en lugar de los pecadores está más cerca de los ideales paganos de una deidad enfadada que es apaciguada por una muerte humana y no tiene sentido. Cuidado con ellos.

Hemos tenido una serie de líderes, autores, líderes de adoración de alto perfil y poco conocidos que se han convertido en apóstatas, que se apartaron del cristianismo histórico. Algunos niegan rotundamente a Cristo como el verdadero camino que Dios ha elegido para lidiar con su mundo. Otros han sido mucho más astutos en su apostasía (ser apóstata proviene de la palabra que significa "desertor" y significa alguien que intencionadamente rechaza su creencia previa en Cristo y abandona la fe cristiana). Desafortunadamente, muchos jóvenes que asisten a la iglesia no creen que deben ser justificados por la fe en la muerte de Jesucristo en la cruz debido a esas falsas enseñanzas.

Permítanme recordarles que Pablo escribió: "En otro tiempo ustedes, por su actitud y sus malas acciones, estaban alejados de Dios y eran sus enemigos. Pero ahora Dios, a fin de presentarlos santos, intachables e irreprochables delante de él, los ha reconciliado en el cuerpo mortal de Cristo mediante su muerte, con tal de que se mantengan firmes en la fe, bien cimentados y estables, sin abandonar la esperanza que ofrece el evangelio. " (Colosenses 1:21-23).

Jesús es nuestro sustituto. Su sangre derramada en la cruz -por esa muerte se convirtió en maldición por nosotros (Gal. 3:13)- es el corazón de la gracia. Dios nos lo da todo, gracias al sacrificio de Jesús, a cambio de nada. O como decían muchos teólogos antiguos: "La gracia es el favor inmerecido de Dios". Rechazar el evangelio predicado a Abraham, visto en las cuatro viñetas que vimos, es una perversión o subversión de la gracia vital.

Los falsos maestros son perros, pero hay otro perro del que hay que tener cuidado.

Durante años, la sospecha fue el tema principal de mi mundo interior, la sospecha de que Dios no era para mí. Yo sabía que Él "me amaba" porque me habían dicho que amaba a todo el mundo. Pero, ¿le gustaba yo realmente? La creencia dominante de la vida anterior - que yo debía hacer que mi vida funcionara para mí- fue durante muchos años la nota básica de mi existencia. Y el contrato que tenía con Dios, a saber, que Él había hecho su parte y yo debía hacer la mía, me recordaba constantemente cuánto había fallado en cumplir mi parte. La gracia siempre estaba disponible para los demás, pero no para mí. El Maligno condenaba regularmente: "Y tú te llamas cristiano. Un buen cristiano nunca haría eso".

A su manera siniestra, como ya vimos en la historia de Génesis 3, su mentira que separaba el amor de Cristo de las reglas me mantenía esclavizado a las reglas, no al Dios de amor y gracia. El Maligno me engañó para que viera a Dios como el dador de leyes que quería controlar mi vida con un numero de reglas nuevas y no como un Padre amoroso que quería liberarme de mi esclavitud a mi autosuficiencia. La gracia era para salvarse (yo ya lo había hecho), pero no para la vida diaria.

Ten cuidado con el perro de tu corazón. No confíes en tu capacidad para seguir las normas ni en tu autocomplacencia. "Ese perro no caza", como dirían los sureños. Y ese perro sí muerde.

Necesitamos saber que la gracia de Dios es real, profunda y dada gratuitamente, no por algo bueno en nosotros, sino porque Él es amor. Debemos descartar nuestra sospecha furtiva de que Dios está contra nosotros y saber que "somos bendecidos junto con Abraham", porque en la medida en que no estemos seguros de la gracia, seremos esclavos de nuestra vida anterior, ya que es la única manera que conocemos de vivir.

Obtener una visión precisa del amor y la gracia

En el cambio cultural que tenemos hoy, necesitamos tener una visión precisa del amor inmerecido de Dios. En estos días es popular decir: "Dios me ama tal como soy y me quiere feliz, así que puedo ser lo que quiera". Aunque Dios sí desea tu felicidad perfecta, su amor no te dejará ser lo que tu corazón quiera ser si eso te está llevando a un lugar que arruina aún más quién y qué estabas destinado a ser. Él te ama en contra de la condición de tu corazón que se dobla a sí mismo. En amor, Él dice: "Te elegí antes de que nacieras para que fueras hermoso y sin mancha delante de mí, justo, para que fueras mi hijo adoptivo según mi beneplácito y voluntad, para alabanza de mi gloriosa gracia, que te he dado gratuitamente en Aquel a quien amo, Jesús" (ver Efesios 1:4-8).

Cuando Pablo lidia con nuevos seguidores de Jesús en una nueva iglesia fundada en Asia Menor, les rogó que tuvieran en cuenta a Abraham: "Le creyó a Dios, y esto se le tomó en cuenta como justicia». Por lo tanto, sepan que los descendientes de Abraham son aquellos que viven por la fe. En efecto, la Escritura, habiendo previsto que Dios justificaría por la fe a las naciones, anunció de antemano el evangelio a Abraham… Así que los que viven por la fe son bendecidos junto con Abraham, el hombre de fe" (Gálatas 3:6-9).

La gracia vital trata de las buenas noticias, de las malas noticias y de las muy buenas noticias, porque trata de Jesucristo. Si las historias de la Biblia se dejan sólo como historias sobre otros héroes y cómo deberíamos copiar sus vidas, en lugar de apuntar a Cristo, entonces estaremos cargados de culpa y vergüenza porque sabemos que no podemos vivir a su nivel de espiritualidad y fidelidad o estaremos llenos de orgullo arrogante y justicia propia porque sabemos que lo estamos haciendo mejor que las vidas de los personajes que estamos leyendo.

Sin embargo, cuando entendemos los relatos como indicadores de la persona, la vida, la muerte y la resurrección de Jesucristo, aprendemos a esperar y a ver cómo actúa la gracia vital y que lo obtenemos todo a cambio de nada. Se nos da lo que Cristo ha hecho y está haciendo por nosotros y encontramos nuestro lugar, nuestra historia, a la luz de su obra. Nuestras historias personales empiezan a tener sentido. Nuestras relaciones se hacen más sólidas. Nuestra misión en el trabajo, los negocios y con el prójimo se conecta y cobra sentido, y nuestro centro espiritual con Dios se renueva. Como ves, una cosa es decir: "Deberías ser más cariñoso y perdonar porque Dios quiere que lo seas y así lo dice en la Biblia". Otra cosa muy distinta es explicar cómo el amor y la gracia de Cristo realmente nos ayudan a querer amar y perdonar y nos dan el poder para amar y perdonar. Hay una gran diferencia entre intentar ser como Cristo y vivir en Cristo gracias a la gracia.

La gracia vital no consiste en lo que tienes que hacer para rescatarte. Se trata de lo que Dios ha hecho para rescatarte. ¿Dónde es más probable que cuestiones tu rescate? ¿Cuando has fracasado? ¿Cuando has perdido el rumbo? ¿Cuando la vida es complicada, dura y sufres por el dolor? No descansarás en la gracia vital de Dios si piensas en secreto que está enfadado contigo o vives con la continua sospecha innata y el miedo a su desagrado. Sin embargo, cuando mires por la fe al Jesús de Abraham, que es el padre de todos los que viven por la fe, no por la vista de los ojos humanos, descubrirás Su amor y Su gracia, y oirás las palabras gozosas del Padre: "Tú eres mi hijo amado y me agradas."

Capítulo 4
Bola y Cadena: El poder de tu vida anterior

"No olviden el pacto que él ha hecho con ustedes. Por tanto, no
adoren a otros dioses, sino solo al Señor su Dios... Sin embargo, no
hicieron caso, sino que persistieron en sus antiguas costumbres.
Aquellos pueblos adoraban al Señor, y al mismo tiempo servían a sus
propios ídolos. Hasta el día de hoy sus hijos y sus descendientes
siguen actuando como sus antepasados."

-2 Reyes 17:38-41

Lee, un hombre de negocios con el que me había hecho amigo, había
crecido en un hogar cristiano tradicional y estricto. Cuando tenía
nueve años, "caminó por el pasillo y le pidió a Jesús que me
perdonara mis pecados". Él y su hermano pequeño vivían en lo que
suponían era un hogar estable hasta el día en que estaba a punto de
cumplir doce años. Fue entonces cuando su padre se marchó y sus
padres se divorciaron. Fue un golpe demoledor para su tierno
corazón, aunque me dijo que no había estado especialmente unido a
su padre. El Mentiroso susurró al oído del alma de Lee: "*Será mejor
que aprendas a confiar en ti mismo*". Tras el divorcio, el dinero

empezó a escasear en casa, lo que obligó a su madre a tener dos trabajos.

Lee se graduó en una universidad cristiana. Se casó con una mujer fuerte, también de un hogar cristiano, y trabajaron en el ministerio cristiano. Siguió el camino típico de un pastor, trabajando como ministro de la juventud durante unos años, pastor asistente en dos iglesias, y luego pastor principal en una serie de pequeñas iglesias independientes. En general, se esforzaba por mantener un estilo de vida disciplinado y seguro, siguiendo todas las normas aceptadas. Pero las iglesias pequeñas no pagaban lo suficiente para cubrir las necesidades de su creciente familia, así que Lee dejó el pastorado y se trasladó con su mujer y sus dos hijos a buscar un nuevo trabajo en el mercado.

Lee prosperaba en las ventas. Era encantador, sociable, divertido y tenía excelentes dotes de comunicación. Por fin tenía la estabilidad y la seguridad económica que anhelaba tener. Lee estaba "completo", o eso creía él. Las ventas eran un negocio complicado, así que Lee cambiaba de empresa casi todos los años para intentar ganar más. Siempre pensó que su principal responsabilidad era mantener a su familia y que por eso trabajaba tanto. Aunque cantaba "Indescriptible" o "Grande es tu fidelidad" cada semana en la iglesia y admitía que tenía a Jesús, en el fondo, lo que realmente quería más que nada era seguridad económica.

Desgraciadamente, su matrimonio de veintiséis años terminó cuando su mujer finalmente dijo que no podía seguir viviendo en el torbellino de la inseguridad mientras él perseguía su verdadero amor, el dinero. Durante el año siguiente, consiguió otro trabajo de ventas y ganó mucho dinero.

No simplifico las complejidades del corazón humano, pero en la vida de Lee, el daño del pecado que se le hizo, y su creencia en la mentira de que *no puedes confiar en Dios y mejor confía en ti mismo* se convirtieron en la nota de bajo de toda su vida. Dios lo amaba y él lo sabía. Pero el dios de su historia era ganar seguridad en su mundo y la forma que eligió fue a través del dinero.

Ese es el problema de nuestra vida anterior.

Pecamos todo el tiempo porque sufrimos los efectos de la ruina, o la caída. Nacemos muertos espiritualmente. ¿Y te has dado cuenta de que sigues luchando con ciertas tentaciones? Alguna vez te has preguntado: "¿Por qué sigo pecando en mis formas particulares? ¿Por qué parece que vuelvo a las mismas cosas de las que quiero librarme?". Te prometes a ti mismo y posiblemente a otros: "Nunca volveré a hacer/decir eso". Sin embargo, ahí está... otra vez.

Para que podamos entender lo que el apóstol Pablo denomina la "vida anterior" y cómo puede afectarnos en el presente, necesitamos comprender nuestra historia anterior, esa vida anterior, y aplicar la gracia con su intención de libertad prometida. Pablo nos recuerda: "se les enseñó que debían quitarse el ropaje de la vieja naturaleza, la cual está corrompida por los deseos engañosos; ser renovados en la actitud de su mente; y ponerse el ropaje de la nueva naturaleza, creada a imagen de Dios, en verdadera justicia y santidad." (Efesios 4:22-24).

Pablo dijo audazmente a los creyentes que vivían en la ciudad de Corinto que sus vidas anteriores eran lo que solían ser, pero que ahora tenían vidas nuevas: "Y eso eran algunos de ustedes. Pero ya han sido lavados, ya han sido santificados, ya han sido justificados en el nombre del Señor Jesucristo y por el Espíritu de nuestro Dios." (1 Corintios 6:11). Llegó incluso a calificar su vida anterior de vida en tinieblas: "Porque en otro tiempo erais tinieblas, pero ahora sois luz en el Señor. Vivid como hijos de la luz" (Efesios 5:8).

Si no nos ocupamos de las estructuras motivacionales o del núcleo de nuestras vidas, si no llegamos a lo que realmente nos impulsa y funciona como el verdadero sistema operativo de la vida, entonces el progreso en la vida cristiana será una experiencia continua más parecida a la película *El día de la marmota,* en la que nos despertamos cada mañana y continuamos con los mismos viejos patrones anteriores a la conversión.

Crear ídolos

Sólo unos quince años después de que Jesucristo ascendiera a su trono, Pablo escribió una carta a los cristianos que vivían en la región de Galacia y que habían permitido la entrada de falsos maestros en sus iglesias. En ella preguntaba: "Antes, cuando no conocían a Dios, ustedes eran esclavos [literalmente devotos] de los que en realidad no son dioses. Pero, ahora que conocen a Dios —o más bien que Dios los conoce a ustedes—, ¿cómo es que quieren regresar a esos principios ineficaces y sin valor? ¿Quieren volver a ser esclavos de ellos?". (Gálatas 4:8-9). Todos podemos volver a nuestra vida anterior. ¿Realmente queremos malgastar toda nuestra vida, incluso después de haber "nacido de nuevo" en las cadenas del pecado? Vivir bajo el poder de nuestras vidas anteriores es esclavitud.

¿Has considerado alguna vez cómo la ruina en tu pasado te ha afectado y moldeado en cómo vives ahora? Si no estás familiarizado con el concepto de ídolos de la vida (falsos dioses), significa que convertimos las cosas de este mundo, incluso las buenas, en el centro de nuestras vidas. Intentamos convertirlas en el "héroe" de nuestras historias y esperamos que nuestro ídolo nos rescate y nos dé vida.

En mi libro *Gospel Coach (Mentor del Evangelio),* presento cuatro ídolos principales del corazón: poder, aprobación, comodidad y seguridad. Estos ídolos suelen ser cosas "buenas" que se han elevado a la categoría de cosas "más importantes".[1] Encontrar aprobación por tener una buena reputación en el trabajo tiene muchas cosas buenas. Querer vivir en paz con los demás en el vecindario es una virtud cristiana. Trabajar para construir un futuro financiero seguro para la jubilación es algo bueno. Pero no malinterpretes la idea clave de la idolatría. Esas cosas, aunque virtuosas, tienen el poder de convertirse en *la* cosa.

El pastor y escritor británico Martin Lloyd-Jones escribió: "El mayor peligro al que nos enfrentamos no es una cuestión de hechos o de acciones, sino de idolatría. . . . ¿Qué es la idolatría? Bueno, un ídolo puede definirse de la manera más sencilla: un ídolo es cualquier cosa en nuestras vidas que ocupa el lugar que debería ocupar sólo Dios. . . . Cualquier cosa que ocupe una posición de control en mi vida es un ídolo. . . mueve y despierta y atrae gran parte de mi tiempo y atención, de mi energía y dinero".[2] El Señor había ordenado claramente a todos los creados a su imagen: "No tengas otros dioses además de mí.»No hagas ningún ídolo ni nada que guarde semejanza con lo que hay arriba en el cielo, ni con lo que hay abajo en la tierra, ni con lo que hay en las aguas debajo de la tierra" (Deuteronomio 5:7-8).

El antiguo instrumento de enseñanza, *El Catecismo de Heidelberg,* una ayuda didáctica que los teólogos alemanes y polacos escribieron en 1563, declaraba: "Idolatría es tener o inventar algo en lo que uno confía en lugar de o junto al único Dios verdadero, que se ha revelado en la Palabra".[3] Evidentemente, ¡el problema de la idolatría viene de lejos!

Una cosa es cierta. Dios no bendecirá una vida para satisfacer nuestra propia idolatría. No importa cuán bueno pueda ser el ídolo (un buen matrimonio, hijos perfectos, trabajo duro, trabajo en la iglesia, o una comunidad sana creciendo en el conocimiento y la gracia de Cristo). Dios no ocupa el segundo lugar ante nada, porque Él es grande, bueno y misericordioso.

Para alejarnos de nuestros falsos héroes, necesitamos identificar aquellas cosas que están en el corazón humano. En algún momento de la historia de nuestros viajes, aprendimos y adoptamos una forma de hacer que la vida funcione y de que las cosas vuelvan a estar bien. Nuestro mundo está lleno, y siempre lo ha estado, de un surtido de formas falsas de encontrar la vida.

Empezamos a adoptar nuestros sistemas de creencias escuchando palabras de afirmación o condena de personas cercanas a nosotros u observando a otros que tienen éxito o cometen errores. Podemos obtener ideas leyendo libros o viendo películas o la televisión. Muchos de nosotros oímos historias de familiares o las experimentamos mientras crecíamos con hermanos(as) que nos señalaban un camino u otro.

Estas experiencias, junto con la predisposición de nuestra propia personalidad, nos moldearon y "cambiamos la verdad sobre Dios por la mentira" (Romanos 1:25). Nuestra búsqueda nos llevó a encontrar algún modo de alcanzar una sensación de paz y consuelo personal, de ser aceptados y aprobados por nosotros mismos o por los demás, y de tener seguridad frente a cualquier daño, con el fin de justificar nuestra propia existencia. Tontamente cambiamos al Dios Creador por las cosas de este mundo (ver Romanos 1:23). Tú y yo hemos hecho esto.

La Biblia dice que cuando no estamos viviendo por el Espíritu - no viviendo por gracia- estamos viviendo por la "carne": "Los que viven conforme a la naturaleza pecaminosa [carne] fijan la mente en los deseos de tal naturaleza… La mentalidad pecaminosa es muerte… pues no se somete a la ley de Dios, ni es capaz de hacerlo" (Romanos 8:5-7). Usada en este sentido, la carne es la manifestación de la fuerza motriz del alma, la mente y el corazón de la persona. Las actividades de ese "corazón" revelan nuestra razón motivacional para vivir.

Ídolos de superficie

Pablo escribió que las acciones de la carne pecaminosa (la palabra griega es *sarx*) son "obvias". Puedes verlas operar. Mi amigo Dick Kaufmann acuñó el término, *ídolos superficiales*. Las acciones específicas pueden ser diferentes en cada persona, pero *están* en cada persona. Dependen de estas cosas para proporcionar significado. Dick Keyes, director de la Hermandad L'Abri, sugirió: "Todo tipo de cosas son ídolos potenciales. . . . Un ídolo puede ser un objeto físico, una propiedad, una persona, una actividad, un papel, una institución, una esperanza, una imagen, una idea, un placer, un héroe".[4]

Nuestra cultura norteamericana celebra tres ídolos superficiales principales: el dinero, el sexo y la fama. ¿No son obvios? Podemos ver cómo el dinero se ha convertido en una poderosa herramienta en la política, la religión, la guerra, la medicina, el gobierno, hasta llegar a los pequeños delitos callejeros. ¿Quién no habla de lo que haría si le tocara la lotería? ¿Lo vemos en nuestras propias vidas? Sin embargo, aunque algunas personas digan que el dinero no es importante para ellas, las cosas que el dinero puede proporcionarles - un determinado tipo de coche, casa, barco, ropa o vacaciones- sí lo son. El dinero es importante. Un amigo me dijo una vez que toda la gente de su barrio quería "jubilarse antes de jubilarse".

¿Y el sexo? No necesitamos mirar más allá de las televisiones para ver que el sexo vende. El sexo ha recibido incluso su propio derecho civil. Se celebra y se defiende. Si alguien desafía al "dios del sexo" en la cultura, recibe todo el castigo.

La fama, a diferencia de las otras dos, es más sutil. Puede que uno no busque la fama nacional, pero sí un poco de notoriedad dentro de un pequeño círculo de amigos, familiares o compañeros de trabajo. Muchos ansían, a través de sus redes sociales, recibir cierto nivel de reconocimiento. Algunos pueden querer ser famosos a través de la música, Hollywood, la política, los negocios, el diseño o incluso el ministerio, mientras que otros eligen una plataforma más tranquila, como "Maestro del Año" o "Mejor Mamá del Mundo". Algunas personas prefieren ser famosas por asesinato que no serlo en absoluto. No hace falta llegar tan lejos para querer ser famoso. Puedes cambiar la palabra *asesinato* por casi cualquier otra cosa.

Las personas pueden confiar en muchas otras cosas superficiales con la esperanza de ser rescatadas. Para una persona, su casa es un ídolo superficial. Para otra, un equipo deportivo. Algunos pueden idolatrar a sus nietos, mientras que para otros puede tratarse de encontrar el amor o tener un hijo. Para alguien puede ser fundamental tener una gran reputación entre sus colegas. O quizá anhelen encontrar la vida en la forma de su cuerpo o en su belleza física. Y algunas personas se centran excesivamente en su carrera o título ("soy médico" o "trabajo a tiempo parcial").

También he conocido a muchas personas de la iglesia que buscaban la vida y se glorificaban en su obediencia a las leyes de Dios, la memorización de la Biblia, la corrección teológica o la denominación. Puede que hayan comenzado sus nuevas vidas por la fe en Cristo, pero continúan viviendo con el esfuerzo propio, prácticas orientadas a las obras, tal como lo hacían en sus vidas antes de Jesús. Esta es la razón por la que la gracia en nuestros corazones no se detiene en la conversión.

Y la gente de iglesia no son los únicos que encuentran la vida en su observancia religiosa. Las personas seculares tienen un conjunto de creencias por las que viven y que también las definen. La gracia vital es necesaria para que un no creyente reviva y para que el creyente *continúe* viviendo en Él (véase Colosenses 2:6).

Otra forma de examinar los ídolos superficiales de nuestras vidas es "definir para ti mismo un 'pequeño infierno'. Para ti, el infierno es ser pobre; para ti, es ser feo; para ti, es ser gordo; para ti, es no ser amado; para ti, es ser menospreciado. El miedo a tu infierno te obliga a elegir para ti un falso dios salvador que te salve de ese infierno."[5]

Puede que le cantes a Jesús: "Te necesito a todas horas", pero debajo de eso, lo que crees erróneamente es la necesidad de un amante diferente, más dinero, una nueva carrera, una casa más grande o un coche más bonito. Tal vez cantas debajo de las canciones dominicales: "Necesito el respeto de mi esposa", "el afecto de mi esposo" o "la aprobación de mis padres". Podemos ver los ídolos superficiales de necesitar a otros para sentirnos mejor (ser dependiente), o la necesidad de ser necesitado (un codependiente). ¿Qué ves en tu vida? ¿Qué impulsa tu comportamiento?

Fuente Ídolos

La "vida anterior" es un estilo de vida de la carne. Fundamentalmente, es la forma en que estamos motivados para hacernos bien de nuevo (para justificar nuestra existencia y encontrar la vida). Sin embargo, si nos detenemos en los comportamientos obvios de nuestra carne (ídolos superficiales), no experimentaremos la libertad prometida por la gracia. Esos ídolos superficiales son como la fruta en un árbol, no las raíces del árbol. Debemos descubrir el *porqué* de nuestro comportamiento preguntándonos: "*¿Por qué encuentro que quiero hacer las cosas equivocadas?*". La verdad es que siempre estamos controlados por nuestra pasión más profunda, por lo que más cautiva nuestro corazón. Debemos escarbar hasta el nivel motivacional mediante la aplicación de la gracia vital. ¿Cuáles son los ídolos fundamentales en los que centramos nuestra vida?

El corazón tiene que tener algo en lo que centrarse, porque así es como fuimos hechos. Como hemos visto, Dios nos hizo para conectar con Él y con los demás. En aquel jardín perfecto, nuestros primeros padres conocieron la esencia misma del consuelo, la seguridad y la aprobación. Pero debido a que nuestros padres aceptaron la mentira del Maligno de confiar en sí mismos, de encontrar la vida fuera de Dios (de ser su propio dios), su pensamiento y el nuestro se volvieron vanos y nuestros corazones necios se oscurecieron (se volvieron tontos).

Se ha dicho que Martín Lutero, uno de los primeros hombres de la gracia escribió: "El pecado que subyace a todos nuestros pecados es confiar en la mentira de la serpiente de que no podemos confiar en el amor y la gracia de Cristo y debemos tomar el asunto en nuestras propias manos."[6]

Ahora adoramos, servimos y centramos nuestras vidas en las cosas creadas en lugar de en el Creador (véase Romanos 1). A riesgo de simplificar en exceso el complejo mundo de nuestros corazones creadores de ídolos, sugeriría que acabamos teniendo tres falsos ídolos o héroes principales:

* *Aprobación* (es decir, la creencia de que estoy completo cuando me apruebo a mí mismo o los demás me respetan, me aprueban y me conceden valor) porque nos sentimos "desnudos y avergonzados".
* *Consuelo* (es decir, la creencia de que estoy completo cuando experimento paz personal -mi pedacito de cielo- y una calidad de vida elegida). Vivimos en un mundo hostil y duro y la vida puede ser aplastante y dura.
* *Seguridad* (es decir, la creencia de que estoy completo cuando mi vida y/o los que amo están seguros o a salvo en este mundo). Somos inseguros debido a nuestra culpabilidad, al estar desconectados de Dios, nuestro Creador, y de los demás.

Estos tres "ídolos fuente" son las raíces del árbol y son lo que estamos apurando para hacernos vivir de verdad y, a partir de ellos, dar vida como raíces de árbol a los ídolos superficiales que vemos. El pastor escocés del siglo XIX Thomas Chalmers tuvo una penetrante visión de la condición humana. Él dijo, con mi paráfrasis:

Uno puede dejar de comer en exceso, pero es porque un gusto más maduro lo ha subordinado. Uno puede dejar la lujuria sexual, pero es porque el dinero es ahora lo que constituye su deseo central. Incluso el amor al dinero puede dejar de tener dominio sobre el corazón porque éste se siente atraído por la emoción de la política o los negocios y ahora hay un amor a la posición. Pero no hay ninguna de estas transformaciones en la que el corazón se quede sin objeto. Su deseo de un objeto particular es conquistado, pero su deseo de tener algún objeto es inconquistable. [7]

El control de las pasiones pecaminosas no es una cuestión de la voluntad, sino del corazón. La persona que puede primero entender el corazón y luego controlar el corazón puede controlar cada área de la vida.

Diagnóstico de la Fuente

Una de las formas en que aprendemos más y más sobre la gracia vital en nuestras vidas es entender cómo nuestras vidas no agraciadas realmente trabajan a favor o se rebelan contra nuestra rectitud la mayoría de los días. Debemos comprender cómo nos ha afectado la ruina tanto en la historia bíblica como en nuestra historia en tiempo real. Si estamos siendo controlados por nuestra pasión más profunda, y lo estamos, entonces necesitamos saber lo que realmente está pasando dentro del corazón.

Nadie comprendió mejor el funcionamiento interno del corazón humano que Jesús. La gente de su época, como la nuestra, daba mucha importancia a las apariencias externas. Nuestra cultura, impulsada por los medios de comunicación pop, hace héroes del rendimiento, el dinero, la fama o la belleza exterior y se preocupa poco por el carácter, a menos que viole *su* estándar de carácter. Una de las cosas que los enemigos de Jesús odiaban era que cada intercambio que tenían con Él llevaba al asunto de sus corazones. A Jesús no le importaba cuánto se gloriaban en sus oraciones públicas, diezmaban, citaban las Escrituras, o incluso cuán absurda se había vuelto su vida moral. Él dijo una vez: "Pero lo que sale de la boca viene del *corazón* y contamina a la persona. Porque *del corazón salen* los malos pensamientos, los homicidios, los adulterios, la inmoralidad sexual, los robos, los falsos testimonios y las calumnias" (Mateo 15:18-19, énfasis añadido). Jesús estaba diciendo que las actividades de la carne fluyen desde el interior.

A partir de nuestras creencias (o de aquello en lo que confiamos para dar vida), actuamos en consecuencia. Una vez más, Pablo explicó que esas actividades son obvias, podemos verlas, pero lo que está en el interior es más difícil de determinar. Puede que no veamos en nuestro corazón en qué estamos confiando, pero podemos ver cómo se están desarrollando. Todo el mundo hace lo que ama hacer, y lo que ama está en su corazón. Todo sigue al corazón.

El "corazón" (*kardía)* se menciona más de ochocientas veces en la Biblia, pero nunca se utiliza en el sentido literal de músculo que impulsa la sangre. Es decir, el "corazón" sólo se utiliza en sentido figurado, como el centro *afectivo* de nuestro ser y la *capacidad de preferencia moral* (*deseo volitivo* o "*deseo-productor* que nos hace funcionar"[8]). Es el centro motivacional o nuestras "*decisiones-deseo*" que establecen quiénes somos realmente y en qué confiamos en esta vida.

La necesidad anhelante del corazón humano (el centro de nuestro ser personal y estructura motivacional de la vida) debe tener algo sobre lo que apoyarse. Por eso Dios nos dijo repetidamente que guardáramos el corazón. Nuestras creencias impulsan nuestro comportamiento.

Puede que hayas cantado "Cristo me basta, todo lo que necesito está en ti" el domingo pasado, pero cuando te dirigiste al trabajo al día siguiente, todas las apuestas estaban echadas porque lo que "realmente" necesitabas era una venta. Puede que tengas que estirar la verdad a un cliente para hacer esa venta. El "estiramiento" es un pecado, pero hay algo debajo que es más importante. Es el pecado debajo del pecado.

O puede que seas una madre que no corrige a sus hijos porque dice que es perjudicial para su personalidad. Sin embargo, bajo esa afirmación y esa práctica, puede que en realidad estés viviendo para tu propia comodidad porque la lucha diaria del llanto, los lloriqueos o la rebeldía es demasiado para corregirla. Es más fácil no prestarle atención que seguirle el ritmo.

No bastará con exhortarle con la regla de "no mientas" ni con predicarle un sermón sobre las virtudes de la pureza sexual. Las apelaciones a la voluntad, por muy válidas que sean, pueden lograr cierto grado de conformidad moral, pero no irán lo suficientemente lejos como para desenterrar y derribar la profunda fuente de idolatría que le obliga a confiar en su vida anterior: una vida construida sobre falsos ídolos para obtener aprobación, seguridad o consuelo en este mundo.

Volvamos a los ídolos superficiales de la cultura, en concreto a los tres de los que hemos hablado antes, y exploremos lo que hay debajo de ellos. Formas parte de la cultura y, en realidad, es tu antigua forma de vida. Gracias a la gracia vital, tienes una vida nueva. Sin embargo, luchas constantemente con la atracción y la tentación de la vida anterior. A todos nos pasa.

El primero es el dinero. En apariencia, el dinero puede convertirse en un dios en este mundo. Jesús habló del dinero más de lo que habló del cielo y del infierno juntos. Verás, una persona puede vivir para el dinero, pero para lo que realmente vive es para el sentido de aprobación, auto-validación e identidad que le proporciona.

Sin embargo, para otro puede proporcionar seguridad financiera. ¿Recuerdas a Lee? El Mentiroso prometió que si perseguía el dinero o, como él lo racionalizaba, "mantenía a mi familia", estaría seguro. Su ídolo superficial, el dinero, era su manera de servir a su ídolo fuente, la seguridad, en su mundo traumatizado e inseguro. Sin embargo, para otro, el dinero le proporciona el dios del consuelo en su alma, ya que su trabajo o sus inversiones le proporcionan un estilo de vida confortable.

Jesús explicó que es imposible servir a dos "dioses" diferentes: "Nadie puede servir a dos señores, pues menospreciará a uno y amará al otro, o querrá mucho a uno y despreciará al otro. No se puede servir a la vez a Dios y a las riquezas" (Mateo 6:24; Lucas 16:13).

Aquí Jesús acababa de decir a sus seguidores que no acumularan tesoros en esta tierra, sino que los acumularan en el cielo-un futuro: "Donde esté tu tesoro, allí estará también tu corazón" (Mateo 6:21). Fíjate, Él no dijo que donde esté tu corazón irá tu dinero, sino que aquello por lo que vives, en el centro de tu corazón, es donde usarás tu dinero. Él no estaba en contra de la riqueza, pero estaba en contra de hacer del dinero la cosa que usas para encontrar cualquier sentido de comodidad, aprobación o seguridad, que sirve como sustituto de Él. El dinero es tan importante hoy como lo era entonces.

El segundo es el sexo. El mismo Jesús repitió el mandamiento del Antiguo Testamento "No cometas adulterio", que incluía *cualquier* relación íntima fuera del matrimonio -incluyendo tener sexo con alguien a menos que estés casado con esa persona.

Sin embargo, ahora vivimos con el consenso cultural de que si no tienes relaciones sexuales con alguien, casado o no, eres una persona rara. Es la norma en la cultura, y es anormal creer que pueda ser algo malo. Es "sólo sexo", exige nuestra cultura.

Sin embargo, no es "sólo sexo". Tanto experiencial como existencialmente, en el fondo, sabes la verdad. Algo ocurre entre las personas cuando conectan a nivel sexual. Completa o complica las relaciones.

Si te has divorciado porque tu cónyuge cometió adulterio, sabes que fue *la más profunda sensación de traición*. Si es "sólo" sexo, ¿por qué no fue como si compartieran una pizza en la sala de descanso del trabajo? Si es sólo algo físico, ¿cuál es el problema? ¿Por qué rompió la familia y arruinó a los niños? ¿Por qué ahora, como adultos, hay tantos que siguen magullados y destrozados por lo que hizo un padre o un pariente? ¿Por qué tantos tienen remordimientos o malos recuerdos de la gente de la universidad? ¿Por qué tantos lidian con la culpa y la vergüenza a través de los antidepresivos? Ya te haces una idea. El sexo es poderoso. El sexo no es un pecado, pero el mal uso del sexo sí lo es y hay un dios falso debajo de él.

Después de recordarnos que no debemos abusar del sexo, Jesús lo amplió para incluir el deseo de otra persona. Pero no usó un término sexual para "lujuria", sino una palabra que se usa para el deseo o el anhelo: la palabra bíblica *codiciar*. Se refería a lo que una persona realmente anhela o en lo que pone su ser interior. Literalmente, Él dijo "*desear grandemente* hacer o tener algo". Aunque la palabra puede usarse tanto en el buen sentido como en el malo, en este caso significa un deseo excesivo o desmesurado que lo controla todo.

He aquí por qué la idolatría sexual es la vida anterior. Tenemos una nueva vida que fue comprada por Cristo y devuelta gratuitamente a nosotros, por la gracia gratuita de Dios, por lo que ahora estamos conectados a Cristo. Le pertenecemos en cuerpo y alma (véase 1 Corintios. 6:13-15, 19-20; Efesios 4:17-24). Pero no debemos tratar el sexo a nivel superficial. Tenemos que ir a la fuente, porque lo que controla el corazón cuando se trata del sexo (los ídolos de la fuente) son los mismos que todos los otros ídolos de la superficie.

Cuando se nos desafía a apartarnos de nuestra vida anterior en la forma en que vivimos sexualmente, tenemos que responder a las preguntas de las motivaciones: ¿Es ésta una de esas áreas en las que buscamos aprobación, seguridad o comodidad? ¿Buscamos algún tipo de seguridad? ¿Es nuestra comodidad personal lo que realmente buscamos? ¿O estamos motivados por la aprobación o el deseo de aprobación de otra persona o de un grupo de personas?

El tercer ídolo de superficie que adora nuestra cultura es la fama. La mayoría de la gente, a decir verdad, busca algún nivel de aclamación o reconocimiento. Es más frecuente que el deseo de poder. De hecho, Dios nos advierte acerca de no tratar de robar su gloria (honor, esplendor, fama y dignidad) más que tratar de afirmar el poder (ver Isaías 42:8). La fama y la palabra estrechamente asociada, *gloria* son ídolos superficiales que anhelan nuestra atención para hacerse un nombre. Dios es muy celoso de su gloria y Su nombre.

Aunque no todo el mundo desea ser una celebridad o famoso, la mayoría de nosotros queremos ser admirados y/o reconocidos por los demás a través de algún logro. Algunos lo encuentran en el trabajo, otros en la familia, otros por su belleza, otros a través de la música, otros por su arte. Otros trabajan religiosamente para ser reconocidos. Con la ayuda de Internet, cualquier persona del mundo con un ordenador o un smartphone puede tener fama. Obviamente, ser admirado no es un pecado. Pero el pecado que hay debajo de buscar nuestra propia gloria o fama es que, a través de ella, pensamos que encontraremos la autorrealización, la paz interior (comodidad) o la seguridad personal (protección).

¿Por qué buscas ser conocido o alcanzar la fama por algo en este mundo? ¿Es el camino hacia la seguridad personal o la aprobación, aunque sea la autoaprobación? Una vez más, la raíz más profunda del corazón es el problema.

Nuestros ídolos de origen, los que están en lo más profundo del corazón, ofrecen promesas de hacernos sentir cómodos, y de proporcionarnos sentido, seguridad (plenitud) y poseer nuestro "shalom" (paz personal, integridad) si los seguimos. A lo largo de la vida vamos evaluando las respuestas buenas y malas que obtenemos de esas elecciones.

Cuando experimentamos un resultado bueno o efectivo por seguir a nuestros ídolos fuente, reforzamos el ídolo. Pero estos mismos ídolos también amenazan con que si no les servimos, nuestras vidas se arruinarán, carecerán de sentido y estarán vacías. Empezamos esperando que nos sirvan o nos provean, pero al final nos superan y dominan nuestras vidas.

Juan Calvino, líder de uno de los mayores movimientos espirituales de la cristiandad, utilizó el término *fabricum idolarum*, que en latín significa "fabricante de ídolos o lugar donde se fabrican ídolos". Lo que fabricamos, creemos que lo poseemos. Lo que creemos poseer, creemos controlarlo. Sin embargo, en realidad trabajamos duro para controlar lo que creemos poseer, sólo para descubrir que el control es una ilusión.

El paso al control

Cuando creemos erróneamente que nuestros ídolos de origen (los héroes de nuestras historias) pueden darnos la vida, seguimos viviendo bajo sus promesas orientadas a las obras. Entonces, cuando experimentamos un resultado ineficaz, podemos cambiar de dirección o intentar un nuevo enfoque. Cuando los ídolos fuente se ven amenazados (pensamos que estamos perdiendo nuestra aprobación, comodidad o seguridad), luchamos por manejar la vida para ganar o recuperar el control. En este sentido, el control no es un ídolo, sino el medio por el que intentamos ordenar nuestras vidas para que funcionen de acuerdo con nuestra creencia en lo que nos completará. Cuando los ídolos nos fallan o están bajo amenaza de ser eliminados, para recuperar o mantener el control, recurrimos a uno o dos métodos posibles en nuestra búsqueda: el control por la fuerza o el control por la manipulación.

Control por la fuerza

Ganamos o recuperamos el control mediante el uso de la fuerza o la violencia, que se mueve a lo largo del espectro dependiendo de lo bien que consigamos el control. De nuevo, Pablo dijo que este comportamiento era obvio de ver. Puede pasar de tener una actitud áspera a amenazar a la gente con palabras duras y odiosas que traen "discordia, celos, arrebatos de ira, rivalidades...". (Galatas 5:20). La biblia *The Message* traduce la idea de esta manera: "Competencia despiadada . . . hogares divididos y vidas divididas . . . el hábito vicioso de despersonalizar a todos para convertirlos en rivales" (Gálatas 5:20-21).

Si recuperar el control de esa manera no funciona, algunas personas lo intensifican hasta el abuso. Una vez más, se nos dice que nos libremos de los "arrebatos de ira", las "disensiones", las "facciones", el mal genio, las murmuraciones, la cólera... (Gálatas 5:20; Efesios 4:31). (Gálatas 5:20; Efesios 4:31) hasta llegar a las amenazas de daño, incluso las agresiones físicas, o el asesinato ("Abandonen toda amargura, ira y enojo, gritos y calumnias, y toda forma de malicia.").

Control por manipulación

Algunas personas utilizan una táctica diferente para ganar o recuperar su sensación de pérdida de control en el mantenimiento de su ídolo vivo y bien. Utilizan la manipulación. De nuevo, imaginemos un espectro. En un extremo pueden utilizar la sobre indulgencia de los demás con elogios fingidos. Utilizan palabras halagadoras u ofrecen ascensos, recompensas o caprichos a los demás con la esperanza de recuperar el control sobre ellos o sobre la situación.

Hay una diferencia entre los cumplidos y la adulación. La adulación es un elogio exagerado con el motivo oculto de promover una agenda personal. Pablo recordó a una iglesia que nunca utilizó la adulación para controlarla (véase 1 Tesalonicenses 2:5).

El escritor de Proverbios advirtió a sus lectores que estuvieran atentos a una mujer que usara la adulación (Proverbios 6:24) y cuando la gente usa la adulación, simplemente están "tendiendo redes" (una trampa) para su prójimo (29:5).

En el otro extremo del espectro de la manipulación, la gente utiliza el engaño mintiendo, ocultando motivos, diciendo medias verdades y/o timando a la otra persona para conseguir lo que quiere ("falsedad", "palabras vacías", "estafa" o abuso de su sexualidad).

De esta manera, usando la violencia o siendo manipuladores, la gente intenta mantener a sus ídolos vivos y bien. El poder o el control no es un ídolo, pero es la forma en que tratamos de mantener las "bendiciones" que los ídolos prometen y ocasionalmente proporcionan.

Un miembro de un grupo de hombres que dirigí una vez, Russ, me contó que su mujer le dijo al principio de su matrimonio que si alguna vez la engañaba, se divorciaría de él, le quitaría todo lo que tenía y se aseguraría de que nunca volviera a ver a sus hijos. Los otros hombres se rieron, sintiendo quizás un sentimiento compartido. Él y su mujer no se daban cuenta, pero ambos vivían en carne propia.

Ella no tenía un ídolo de control, pero estaba tratando de usar una combinación de amenaza y manipulación para mantener el control de su ídolo de seguridad. Querer tener un matrimonio sólido que incluyera un marido que no engañara al matrimonio era algo bueno, pero su seguridad no se encontraba en la fidelidad de él, sino en la fidelidad de Jesús para con ella. Y Russ, por su deseo de comodidad personal (no queriendo "meterse con ella"), nunca le dijo que eso no era algo amoroso ni una razón para que él no se desviara. Ambos querían cosas buenas, pero el centro de la vida no está en crear su propia seguridad o comodidad.

Si la violencia o la manipulación siguen fracasando como forma de mantener el control, podemos intentar escapar de la realidad del vacío anímico por alguna otra vía. En este caso, empezamos a vivir por debajo de la línea de la desesperación. Cuando la vida se vuelve demasiado abrumadora, algunas personas escapan a través de las "muertes por desesperación". Tristemente, desde 2014, los mileniales han visto un aumento del 47% en los diagnósticos de depresión mayor. Las muertes por desesperación (morir por suicidio, alcohol y/o sobredosis de drogas) aumentaron en la población milenial en los últimos diez años.[9] Y las tendencias continúan a un ritmo alarmante en el futuro.[10]

Pedro recordó a los cristianos esparcidos por Asia Menor que en el pasado (su vida anterior) pasaron bastante tiempo haciendo lo que los paganos eligen hacer: vivir para emborracharse, ir de fiesta, participar en orgías (entrega extrema a los placeres sexuales), hacer juergas (adicciones incontroladas e incontrolables) y practicar una idolatría detestable (1 Pedro 4:3). Es una vida de futilidad y ruina.

En la película *La Comunidad del Anillo*, basada en el libro del mismo título de J. R. R. Tolkien, Gandalf se encuentra con Bilbo Bolsón, un hobbit, justo después de su 111 cumpleaños, cuando Bolsón estaba a punto de abandonar la Comarca para siempre. Gandalf quería saber qué pensaba hacer Bolsón con el anillo que tenía. "¿Y este anillo tuyo, también se queda?".

"Sí, está en un sobre sobre la repisa de la chimenea -respondió Bilbo, añadiendo que pensaba dejárselo a su sobrino Frodo. Pero en el mismo momento lo sacó del bolsillo y comenzó a acariciarlo, mirándolo como algo de gran belleza y valor. "¿Por qué no habría de quedármelo?"

Cuando Gandalf le sugirió que lo dejara, Bilbo reaccionó con un estallido de ira. "Ahora que lo pienso, no tengo ganas de separarme de él. Es mío, yo lo encontré, ¡vino a mí!"

Gandalf, sorprendido por la acalorada expresión, respondió: "No hay necesidad de enfadarse".

Pero Bolsón replicó a gritos, mientras seguía acariciando el anillo: "¡Pues si estoy enfadado, es por tu culpa! Es mía. Mío, mí tesoro".

Gandalf se quedó atónito. "¿Tesoro? La han llamado así antes, pero no tú".

Ahora, hecho una furia, Bolsón levantó los puños hacia Gandalf y le gritó: "¡Qué te importa a ti lo que yo haga con mis cosas! Sólo las quieres para ti".

Qué extraordinario ejemplo del poder de "nuestro tesoro" o aquello en lo que confiamos para que nos dé vida. El anillo, a pesar de que Bolsón lo llevaba en el bolsillo y lo utilizaba para hacer trucos con los que divertirse, no despertó su aferrada lujuria por él hasta que se vio amenazado. Se creía su dueño, pero, por desgracia, cuando se dio cuenta de que iba a perderlo, recurrió al control. Primero, mintió. Le dijo a Gandalf que lo había colocado sobre el manto. Cuando Gandalf le sugirió que lo entregara, su siguiente respuesta fue arremeter con ira, amenazas y la disposición de golpear a Gandalf. Intentó usar el poder para recuperar lo que creía que estaba perdiendo.

Esta historia se puede repetir una y otra vez, desde los padres que pierden los estribos con sus hijos que no hacen lo que se les dice, hasta los políticos que mienten a sus electores para mantener la seguridad de su cargo, hasta yo que me impaciento con el tráfico porque estoy preocupado por mi propia comodidad. Es el estilo de vida de la carne, confiar en nuestra propia versión de aprobación, seguridad o comodidad de las cosas de esta tierra. Es nuestra "vida anterior".

La historia de Bilbo Bolsón y el anillo no termina, por supuesto, con esa interacción. Gandalf respondió con la fuerza amorosa de la reprimenda de un amigo. Bolsón lloró y se abrazaron. Bolsón accedió a soltar el anillo, recogió sus cosas y se dirigió a la puerta. Pero Gandalf le detuvo mientras le gritaba: "Bilbo, el anillo aún está en tu bolsillo". Bilbo sacó el anillo y lo miró fijamente, luego dejó que resbalara lentamente de la palma de su mano, cayendo al suelo con un fuerte golpe. [11]

Confiar en nuestros héroes o ídolos del mundo material es una lucha diaria, no un hecho aislado. Se aferra a nosotros desde nuestra infancia. Es nuestra vida anterior.

Si eres un seguidor de Cristo, Dios ha hecho una llamada muy clara y profunda a tu vida, a saber, que no debes hacerte un ídolo en forma de nada que esté en el cielo o en la tierra o en las aguas de abajo. No debes inclinarte ante ellos ni adorarlos. Los miles de personas que corren por los aeropuertos, los que están sentados en los ocho carriles de tráfico, o los vecinos de los campos de pelota y de los puestos de yogur helado no están exentos de esta advertencia.

¿Al Rey que hizo todo lo que vemos, así como lo que no podemos ver, le importa si lo reemplazamos o reducimos en nuestras vidas? Sí le importa, y la razón principal es que *Él es el Bien supremo del universo*. Él te creó para que experimentes tu mayor bien y tu más alta alegría; para que conozcas la aceptación asombrosa y el más profundo sentido de comunidad. Te creó para que vivas seguro, todo ello conectando o centrando las vidas en la adoración al todo Soberano, Rey poderoso, que creó y sostiene todas las cosas. Rechazarle intentando sustituirle o reducirle con una imitación es traer una maldición, un desastre o la ruina a la vida.

Si no estás en Cristo, el estilo de vida de la carne es todo lo que tienes en este mundo. No es tu vida anterior, es tu vida presente. Claro, usted puede experimentar temporadas de la satisfacción de la aprobación de los demás (sus padres, un novio, o jefe), o la seguridad (trabajo, financiera, o la carrera), o la comodidad (una sensación de paz personal o una medida de la riqueza). Pero si escarbas lo suficiente, un día te darás cuenta de que, sea lo que sea "eso" (aquello por lo que realmente vives, en lo que centras tu vida para sentirte realizado), te posee y en realidad estás esclavizado a su poder de control sobre ti.

Como seguidores de Jesús, los que están en Cristo, la vida de la carne, nuestra vida anterior, no puede terminar diciéndonos a nosotros mismos: "No es manera de vivir". No se puede detener por miedo al castigo. No se puede suspender citando las reglas de la iglesia, la sociedad, la religión, o incluso la Biblia, porque el corazón quiere lo que el corazón quiere. Si no eres cristiano, es la única vida que tienes y no renunciarás a ella. Si eres cristiano, hay una forma mejor de vivir.

La buena noticia de Dios a la humanidad es que Él hizo un camino nuevo y diferente por su asombrosa gracia vital. Ya no tenemos que vivir esclavizados en un estilo de vida de muertos, sino que podemos poseer la libertad en la vida. El evangelio de la gracia vital es la única solución para encontrar aprobación, consuelo y seguridad verdaderos y duraderos. Jesús, como nuestro Profeta, nos ha dado la única aprobación que necesitamos.

Somos completamente aceptados por el Padre a través de la obra satisfactoria de Jesús. Él nos ha declarado perdonados y nos ha aceptado como hijas e hijos. Como nuestro Sacerdote, Él nos limpia de los pecados de nuestra vida anterior y nos proporciona el verdadero consuelo que nuestros corazones y nuestras vidas necesitan.

Cuando nos duele nuestro propio pecado o los pecados cometidos contra nosotros, podemos acudir a nuestro Sacerdote Jesús y encontrar renovación, cuidado y fuerzas renovadas. Como nuestro Rey, Él ha comprado nuestra completa seguridad y libertad, tanto aquí como en la eternidad. No hay nadie más, ningún otro héroe en nuestra historia que el Rey Jesús. Sólo Él rescata y renueva.

Capítulo 5
¿Qué es la verdadera espiritualidad?

Él nos libró del dominio de la oscuridad y nos trasladó al reino de su amado Hijo, en quien tenemos redención, el perdón de pecados.

-Colosenses 1:13-14

Durante la mayor parte de los primeros días de mi camino cristiano, intenté encontrar una forma de controlar mi pecado en lugar de creer que Jesús realmente había perdonado todos mis pecados, "conforme a las riquezas de la gracia que Dios nos dio en abundancia" (Efesios 1:7-8). Tenía la esperanza, como tantos otros, de encontrar la fórmula o el secreto para vivir esta nueva vida. Tengo una biblioteca llena de libros de muchas perspectivas diferentes sobre cómo debe practicarse la vida cristiana. Sospecho que tú también. No sólo se han escrito muchos libros sobre el tema, sino que se han predicado millones de sermones a millones de seguidores de Cristo. Lo que queremos desentrañar es la comprensión y la puesta en práctica de nuestra salvación.

Incluso Pablo luchó con esta idea de vivir la nueva vida y compartió su propia lucha:

No entiendo lo que me pasa, pues no hago lo que quiero, sino lo que aborrezco. Ahora bien, si hago lo que no quiero, estoy de acuerdo en que la ley es buena [...] Yo sé que en mí, es decir, en mi naturaleza pecaminosa, nada bueno habita. Aunque deseo hacer lo bueno, no soy capaz de hacerlo. De hecho, no hago el bien que quiero, sino el mal que no quiero. (Romanos 7:15-16, 18-19)

¿Has tenido alguna vez ese diálogo interior? Supongo que la verdadera pregunta es: ¿con qué frecuencia tienes ese pensamiento? Pablo añadió: "¡Soy un pobre miserable! ¿Quién me librará de este cuerpo mortal?" (Romanos 7:24). ¿Notó que no dijo: "Qué fórmula hay para que yo salga de este ciclo repetitivo de volver a mi vieja vida-la manera anterior en que vivía?". ¿Sabe por qué? Porque no hay una fórmula, receta o "solución mecánica para la verdadera espiritualidad".[1]

Mi experiencia, tanto personal como en comunidad con otros hombres y mujeres, es que somos Suyos (y que nada cambiará eso), y que el camino a seguir para vivir en el Espíritu es largo y difícil. ¿Cómo se aplica la gracia gratuita de Dios, una vez concedida, a la vida en adelante y cómo produce el cambio de vida? En medio de su propia lucha, Pablo señaló que no es un "qué" sino un "Quién" lo que nos libera.

En lugar de una receta para vivir esta nueva vida, consideremos cómo actúa en nuestras vidas la realidad de la gracia vital y su poder para dar una profunda libertad. La búsqueda de la identidad. La vida de la gracia vital comienza con la Verdad verdadera, una creencia firme en que lo que Dios ha dicho sobre Sí mismo, sobre nosotros y sobre Su creación es real y digno de confianza. Creemos, si "empezamos con el fin en mente", que descubrimos que toda la creación y nuestra existencia están hechas para disfrutar de la vida con Dios y con los demás. La esencia de estar bien con Dios es que realmente "entendemos a Dios". Como escribió John Piper, "Nada va a traer satisfacción a [nuestros] corazones pecadores, culpables y doloridos aparte de Dios."[2]

Uno de los problemas más apremiantes de nuestros días es el de la identidad: ¿Quién soy? Es una de las primeras preguntas que nos hacemos. Viene antes que: "¿Qué debo hacer con mi vida?" A veces intentamos responder al "quién" con el "qué", pero en el fondo sabemos que "lo que hago" no es "quién soy realmente."

Hace años era común escuchar a alguien decir: "Él está en un viaje para encontrarse a sí mismo" o "Ella necesita ir y encontrarse a sí misma." Oí decir con razón a un célebre pastor que antes de determinar lo que vas a hacer con tu vida, tienes que decidir quién vas a ser. ¿En qué tipo de persona quieres convertirte? Tienes que decidir con qué valores vas a vivir. Otro predicador dijo acertadamente que tu identidad se encuentra en tu adopción como hijo o hija de Dios. Eso también es cierto – al menos parcialmente. No serás quien estás destinado a ser, ni harás lo que estás destinado a hacer, si no sabes quién eres y de quién eres. Esto es fundamental para la verdadera espiritualidad.

Puede que hayas pensado: "Si alguien supiera lo que he hecho en mi vida, se apartaría asqueado." Pero Pablo escribió que cualquiera (el despreciable, el repugnante y el moralmente recto) que se arrepiente y confía en Cristo recibe una nueva identidad "en Cristo", en la que es una nueva criatura, independientemente de lo corrupta, decadente o moralmente celosa que fuera la vieja criatura en Adán (véase 2 Corintios 5:17).

Quien eras era una persona espiritualmente muerta, porque tenías un certificado de nacimiento en el que figuraba Adán como tu padre. Tu vieja identidad en Adán, el primer hombre que vimos en la historia que no creyó y desobedeció a Dios, necesitaba morir y renacer. Cuando el milagro de renacer espiritualmente te sucedió, te convertiste en una nueva creación; las cosas viejas (quien eras en Adán) pasaron y todas las cosas se hicieron nuevas. Usted tiene una nueva identidad. Quien eres ahora es probado por lo que Dios ha dicho de ti, no por tu desempeño – ya sea inmoral o moralmente.

Entonces, ¿dónde buscamos a menudo nuestra identidad personal? Permítanme sugerirles tres alternativas comunes a nuestra vida actual a este lado del Edén.

Cultura

Nuestra cultura nos presiona cada día para que alcancemos nuestra identidad. El consenso dice que sólo somos naturales, que podemos vivir como si este mundo fuera todo lo que hay. El grito de los forjadores de la cultura es que nos hemos hecho a nosotros mismos, y que nuestras identidades personales pueden lograrse en la medida en que abracemos su causa sociopolítica (de izquierdas o de derechas), su clase económica o su determinación sexual. En otras palabras, alcanzamos nuestras identidades abrazando su expectativa cultural o construcción social y nos convertimos en parte de la identidad cultural más amplia.

Familia

Nuestras familias pueden educarnos para alcanzar nuestras identidades abrazando las tradiciones, la raza o la nacionalidad en la que nacemos. Sobre todo en la cultura tradicional no occidental, el papel en la familia (el apellido, el honor, identificarse con "mi pueblo") consiste en forjar una identidad. Es posible que te hayan educado con una herencia familiar, una raza, una nacionalidad o una carrera esperada que te inculcaron como lo más importante que te identificaba. Tal vez, incluso perteneciendo a una familia cristiana, el nombre y el honor de la familia sustituyeron a tu fe cristiana.

Deseos internos

Nuestros propios deseos internos trabajan para conseguir un sentimiento de identidad personal. Nos creemos la mentira, tantas veces contada, de que podemos ser lo que queramos. En el Occidente industrializado, somos individualistas y nos apropiamos alegremente de nuestro individualismo expresivo siendo nuestro "yo auténtico". En cierto sentido, podemos ser el héroe de nuestra propia historia. Se nos dice que cada uno decide la verdad de su propia identidad personal, basándose completamente en su propio deseo. De hecho, una de las éticas morales más elevadas que se derivan de la autodeterminación es que tenemos que ser fieles a nosotros mismos y seguir nuestros propios sueños. Nos llega tan sutilmente como: "Puedes ser lo que quieras, así que sigue a tu corazón". Eso viene del falso punto de partida de que somos los capitanes de nuestras propias vidas porque no hay Creador. La idea de que nos hacemos a nosotros mismos está en todos los medios de comunicación, televisión, películas y música. Pero es mentira. Las ideas de que "Puedes ser lo que quieras ser" y lograr tu identidad por tus propios esfuerzos promueve una vida orientada hacia uno mismo que lleva al desastre.

Puede que muchos de nosotros busquemos alcanzar una identidad a través de cómo vivimos como padres, a través de nuestra conformidad moral, por nuestros títulos en educación o por nuestras carreras. Todas esas son cosas que hacemos, pero sustituyen erróneamente lo que somos. En última instancia, esas cosas no son más que intentos de alcanzar nuestra identidad a través de nuestra actuación. Y cualquier identidad por la que tengamos que trabajar para conseguirla conduce a la esclavitud. Si miramos a nuestras carreras para encontrar nuestra identidad, somos esclavos de esa carrera para que nos nombre. A menudo nos presentamos por nuestras carreras (soy abogado, jefe de ventas, mecánico, ingeniero, etc.), pero si perdemos ese papel o trabajo, ¿nos hemos perdido a nosotros mismos? Algunas personas sí, porque eran esclavas de ese papel o carrera. La gente se está endeudando de forma impagable para conseguir una identidad basada en su título de una determinada universidad. La deuda es una forma de esclavitud.

Necesita una identidad que se reciba

Si estás en Cristo—si Él no es sólo un añadido y no estás tratando de usarlo para alcanzar tus metas, sino que Él es el centro de tu mundo y gobierna tu vida entiéndelo, Cristo determinará lo que hagas y quién decidas ser. Más aún, tu identidad en Él determinará en quién te conviertes, qué haces y con quién decides hacer la vida. Si usted es un seguidor de Jesucristo, su identidad central es invaluable para desarrollar una visión saludable de la vida y es crucial para disfrutar de la vida con Dios y con los demás. La verdadera identidad debe ser recibida. Esto significa que viene por gracia. Es algo que se nos da y no por nuestro trabajo para conseguirla.

Comenzamos la vida en gracia vital por una creencia. Sin embargo, nuestro punto de partida es la historia del Evangelio. Puesto que todos vivimos de acuerdo con nuestras creencias, es esencial que tengamos una creencia precisa: una "Verdad verdadera", no sólo nuestra propia verdad personal. Somos transformados por nuestro centro de pensamiento o creencia (ver Romanos 12:1-2). Debemos ser transformados por lo que es la Verdad verdadera.

Lo más verdadero sobre ti es lo que Dios ha dicho de ti, y esa Verdad se encuentra en la historia evangélica que Dios contó. ¿Recuerdas cómo empieza nuestra historia? Recordar es vital para entender la gracia en la vida. Eso es lo que te permitirá confiar en que un Dios todopoderoso (Dios es grande), omnisciente y glorioso, que es personal, relacional y todo amor (Dios es bueno) es tu Padre. Porque "Dios creó al ser humano a su imagen; lo creó a imagen de Dios. Hombre y mujer los creó, y los bendijo…" (Génesis 1:27-28a). En lugar de decir que nos autoidentificamos, podemos decir con confianza que hemos recibido nuestra "identidad-en-Dios".

Las raíces de la gracia vital se harán más profundas a medida que comprendamos la realidad de nuestras verdaderas identidades. Hay tres conceptos fundamentales que conforman nuestro verdadero yo: (1) nuestra vida como creados por Dios; (2) nuestro parentesco en Cristo; (3) nuestra vocación vital como discípulos. Una vez que comprendemos estos importantes conceptos y cómo se entretejen en el tejido mismo de la gracia vital, estamos mejor preparados para soportar la dureza y las tormentas de la vida y podemos empezar a dar grandes pasos hacia adelante con claridad y propósito. Cualquier confusión o malentendido de nuestras identidades y de cómo estos tres componentes se entretejen para formarlas tenderá a impedir que seamos fortalecidos por la gracia en la vida cotidiana.

Exploremos lo que he llegado a considerar como tres aspectos integrados de nuestra identidad recibida. Están integrados en un movimiento continuo, no lineal como 1, 2, 3. Y si queremos vivir en gracia vital, integraremos nuestra identidad recibida en nuestras vidas contidianas, día a día, momento a momento. Estos tres aspectos son la criatura, el parentesco y el discipulado. Utilizo intencionadamente palabras que nos resultan un tanto desconocidas porque quiero que la idea sea nueva y diferente.

Criatura

Un elemento principal de nuestra identidad recibida es nuestra condición de criaturas. Jesucristo nos creó a nosotros y a todas las cosas que se ven y las que no se ven (véase Hechos 17:24; Efesios 2:10; Colosenses 1:15-16; Apocalipsis 4:11). Como descubrimos en el trasfondo de la historia del Evangelio (véase el capítulo 2), estamos creados en la imago Dei. No somos un accidente cósmico ni un "bebé oops". Somos bastante intencionados. Dios dijo: "Hagamos al ser humano a nuestra imagen y semejanza" (Génesis 1: 26a). La historia evangélica revelada en la Biblia es un desafío a los sistemas de creencias ateos/naturalistas y politeístas (muchos dioses) de nuestro mundo y es una de las razones por las que los falsos maestros (deconstruccionistas) atacan con tanto vigor la autoridad de la Biblia.

Los griegos (politeístas) crearon dioses a imagen de los humanos; sus dioses tenían muchas cualidades humanas buenas y malas. Hoy, el Occidente industrializado no acepta lo que la mayoría del mundo, en la mayoría de los tiempos, ha creído: que hay un Creador (o creadores) de las cosas.

Sin embargo, podemos rastrear nuestra identidad hasta la historia del Evangelio. El cristianismo nos proporciona una historia de identidad. Es una historia coherente. Una historia cohesiva. Una historia convincente.

Jesucristo, el verdadero Eichon (imagen) del Dios invisible te creó (ver Colosenses 1:15-16). Al considerar tu verdadero origen, descubres que Dios te creó para la comunidad (para estar en relaciones), con la más alta dignidad y valor como hombre o mujer, con significado y propósito para cogestionar o cuidar Su creación, y con belleza real y eterna como alguien profundamente conectado a Él. Fuiste creado con dones únicos, habilidades, deseos y un alma eterna. Tienes un significado trascendente y un propósito real para tu existencia. El mayor significado se encuentra en conocer a Dios. Somos la culminación de Su creación, y Él la afirmó diciendo que es "buena". ¿Cambia esto la forma en que te ves a ti mismo? Es una buena noticia.

Tu identidad creada tiene un valor incalculable para desarrollar una visión sana de la vida y es crucial para disfrutar de la vida con Dios y con los demás. Como explicó el teólogo Michael Horton:

> Llegamos a conocernos como seres humanos -es decir, como portadores de la imagen de Dios- no sólo mirando hacia dentro, sino sobre todo mirando hacia fuera, hacia el Otro divino que se dirige a nosotros. Sólo cuando ocupamos nuestro lugar en este teatro de la creación -la liturgia de la palabra de Dios y la respuesta de la criatura- descubrimos un yo y una persona que no son autónomos ni ilusorios, sino doxológicos y reales. ¿Quién soy yo? Soy alguien que existe como resultado de la palabra de Dios.[3]

No serás quien estás destinado a ser si no sabes quién eres. ¿Cuál es el punto de partida de tu identidad?

Mi amigo Corey Jackson me habló de una conferencia a la que asistió y en la que el orador principal abrió su sesión con un juego de

asociación de palabras con los más de dos mil asistentes. Empezó
así: "Voy a decir una palabra y ustedes responden, en voz alta, con lo
primero que se les ocurra". Hizo una pausa y dijo: "Seres humanos".

Con el rugido de una voz unida, la multitud gritó: "Pecadores".
Eso es extraordinariamente triste.

Ahora bien, si te criaste en un hogar conservador de la iglesia,
puede que hayan mitigado la frase "Eres un pecador" con "pero salvo
por gracia." No sé qué palabra pensaste, pero no es así como
comienza la historia de tu vida, porque no es así como comienza la
historia del evangelio. Eres hecho como un portador de la imagen de
Dios.

Piensa en esto: ¿Qué es más atractivo, decirle a un niño
pequeño: "Eres un pecador" o "Eres bueno y puedes ser lo que
quieras ser"? ¿Es de extrañar que estemos perdiendo a esta
generación a favor de una historia que tiene como punto de partida
una apelación a nuestra vida orientada hacia nosotros mismos?
Tenemos una historia más grande, más convincente y cohesiva, y
comienza con el Dios personal y glorioso que nos hizo con
trascendencia, maravilla y grandeza. Deja que te defina Aquel que te
hizo, no un universo caótico e impersonal.

En el histórico Catecismo de Heidelberg, los redactores
preguntaban:

> ¿Qué crees cuando dices: "Creo en Dios Padre todopoderoso,
> Creador del cielo y de la tierra"? Que el Padre eterno de nuestro
> Señor Jesucristo, que de la nada creó el cielo y la tierra y todo lo
> que hay en ellos, y que todavía los sostiene y gobierna por su
> eterno consejo y providencia, es mi Dios y Padre. Confío tanto
> en Él que no dudo de que me proveerá de todo lo que necesite

para el cuerpo y el alma, y que también convertirá en bien mío cualquier adversidad que me envíe en este triste mundo. Él es capaz de hacer esto porque es Dios todopoderoso y desea hacerlo porque es un Padre fiel. [4]

Cuando estaba en la escuela de posgrado alguien escribió en la pizarra (sí, soy así de viejo): "Dios no hace nada excepto en respuesta a la oración". A la mañana siguiente, nos dimos cuenta de que alguien había escrito debajo: "¿Y la creación?".

Toda la sala del trono del cielo adora a Dios con cánticos de su maravilla creadora: "Digno eres, Señor y Dios nuestro, de recibir la gloria, la honra y el poder, porque tú creaste todas las cosas; por tu voluntad existen y fueron creadas" (Apocalipsis 4:11). Y Su maravilla creadora se extiende a ti: Has sido creado de manera admirable y maravillosa (Salmo 139:14). En la medida en que eso se apodere de ti, al ver la gracia otorgada en la creación, esto transformará muchas cosas en la vida. Pero no es la única parte de tu identidad a la que debes permitir que te dé forma.

Parentesco

Un segundo elemento o componente clave de nuestra identidad es nuestro parentesco. Aunque fuimos creados por Dios, nuestros primeros padres lo estropearon todo. Nuestra imagen está estropeada, y nacemos espiritualmente aislados de Dios y de los demás. Nuestra historia está repleta de relaciones torcidas y rotas. Hay personas que nos hacen daño y otras a las que hacemos daño. Hay una larga historia de odio del hombre hacia los demás, sufriendo bajo la miseria del racismo, la guerra y las injusticias. Los individuos sufren los horrores del asesinato, la violación, la calumnia, la ira, etc.

No necesitamos profundizar en nosotros mismos para descubrir cómo cada uno de nosotros está personalmente arruinado. Algunos sufrimos un tortuoso sentimiento de vergüenza por lo que un ser querido nos hizo. Algunos todavía luchan con la persistente culpa por nuestras propias decisiones egoístas. Nadie es inmune al miedo a la pérdida, a la desaprobación, a la pobreza potencial y a la enfermedad. Añadamos a la ruina que nuestro trabajo es desordenado y duro. Nuestro sentido del universo se basa ahora en lo que nos da un propósito, dinero o experiencia. Hemos perdido todo sentido de trascendencia (algo o alguien más grande y grandioso que nosotros mismos). Cuando la muerte espiritual llegó al mundo, el juicio de Dios (o alienación) se hizo real, y lo sabemos.

Pero fuiste rescatado por Cristo. Vimos en nuestro capítulo dos, que Jesús vino en una misión para rescatar a Sus hijos que habían sido llevados cautivos y esclavizados por sus propias elecciones orientadas hacia sí mismos. Permítanme darles una nueva identificación: parentesco. Eres pariente de Dios. Usted está correctamente relacionado con Él por un nuevo linaje. Ahora estás "en Cristo". Pablo utilizó el término más de setenta veces para describir un nuevo elemento de nuestra identidad.

Considera las siguientes realidades clave de nuestro parentesco: que en Cristo han recibido plenitud (véase Colosenses 2:10). ¿Qué se le puede añadir a alguien que está completo? Estamos conectados y unidos a Jesús. Esa plenitud está asegurada porque Cristo nos reconcilió con Dios (véase Romanos 5:10; Colosenses 1:20, 22). Dios ya no está contra nosotros porque Dios mismo cerró la brecha.

En tu vida anterior, eras ajeno y enemigo de Dios. Pero ahora has sido reconciliado y Dios ha hecho las paces contigo: "justificados mediante la fe, tenemos paz con Dios por medio de nuestro Señor Jesucristo. También por medio de él, y mediante la fe, tenemos acceso a esta gracia en la cual nos mantenemos firmes" (Romanos 5:1-2). Usted tiene aceptación completa y seguridad eterna. Usted tiene "posición" con Cristo porque usted está reconciliado con el Padre a través de Él.

La gracia vital te dice que Jesucristo vino a hacer por ti todo lo que necesitas para conocer a Dios. Verás, si tienes tu propio conjunto de creencias, confías en ti mismo, o has tratado de vivir de acuerdo con las normas morales que otros han exigido, hacer o no hacer, todavía estás tratando de conseguir la identidad. La alegría de la gracia vital es que Dios ha hecho las paces contigo. La pregunta en las viejas películas del oeste al villano que se enfrenta a la soga del verdugo sobre si ha "hecho las paces con su Hacedor" no es la verdadera pregunta. La verdadera pregunta es: "¿Ha hecho Dios las paces contigo?".

La plenitud en Cristo también es segura porque Cristo es el único Sustituto que necesitamos. La sustitución es el corazón del evangelio de la gracia.

El núcleo de tu pecado es sustituirte a ti mismo por Dios, y la esencia de la salvación es Dios sustituyéndose a sí mismo por ti. Como escribió el reformador Martín Lutero: "El genio del cristianismo toma las palabras de Pablo 'que se entregó a sí mismo por nuestros pecados' como verdaderas y eficaces. No debemos considerar nuestros pecados como pequeñeces insignificantes. Por otra parte, no debemos considerarlos tan terribles que debamos desesperar. Aprended a creer que Cristo no se entregó por transgresiones [insignificantes] e imaginarias, sino por pecados montañosos; no por uno o dos, sino por todos; no por pecados que puedan desecharse, sino por pecados obstinadamente arraigados".[5]

Jesús, al morir en nuestro lugar, se convirtió en el sacrificio expiatorio perfecto por nuestros pecados (1 Juan 2:2). Al ser resucitado físicamente de nuevo a la vida, nos justificó, nos declaró inocentes (Romanos 4:25), venció el poder controlador del pecado (Romanos 6:8-12), nos dio un nuevo deseo (2 Corintios 5:17) y un nuevo poder para vivir por nuestro nuevo deseo (Romanos 6:12-14). La gracia no sólo nos salva con una salvación eterna, sino que también nos da una naturaleza que se deleita en todo lo que es de Dios, porque es una naturaleza divina (2 Pedro 1:3-4).

Parte de nuestra verdadera identidad es que Jesús ha hecho todo lo que necesitábamos para ser aceptables y aceptados por Dios. He aquí una realidad en la vida: para que algo quede limpio, otra cosa tiene que ensuciarse. Tus platos, el suelo, las encimeras, la cara de un niño de nueve meses después de comer espaguetis, o los pañales. He aquí otra realidad: no puedes declararte limpio o inocente.

Has pecado contra los demás, contra ti mismo y contra Dios y te has vuelto impuro o moralmente sucio. Algo más debe limpiar la suciedad. Esta es exactamente la gran noticia que necesitamos oír: "Al que no cometió pecado alguno, por nosotros Dios lo trato como pecador, para que en él recibiéramos la justicia de Dios" (2 Corintios 5:21). La gracia no es una mercancía con la que traficamos; la gracia de Dios es Cristo.

Durante el movimiento de autoestima de principios de los ochenta, que desde entonces ha transmutado a nuestra cultura del yo me lo merezco, era habitual oír en sermones, libros y canciones que "vales tanto que Jesús dio su vida por ti". En efecto, somos creados portadores de la imagen de Dios, pero nos hemos rebelado egoístamente y nos hemos arruinado por completo. Si Dios encontró que valía la pena morir por tu alma porque eras tan encantador o tan grande o tan notablemente maravilloso, ¿cuán gloriosa es la gracia? De nuevo, es lo que lograste. Tenías un estatus adorable. No había necesidad de la gracia gratuita.

En Romanos 5, esto es un malentendido que Pablo tiene cuidado de corregir: "Difícilmente habrá quien muera por un justo, aunque tal vez haya quien se atreva a morir por una persona buena" (v. 7). Eligió dos palabras – justo y bueno. Por justo entendía alguien que es inocente. Por bueno, usó una palabra que significa intrínsecamente bueno, es decir, por naturaleza. Eugene Peterson tradujo la idea: "Podemos entender que alguien muera por una persona por la que merece la pena morir [por ejemplo, un inocente], y podemos entender cómo alguien bueno y noble podría inspirarnos a un sacrificio desinteresado" (MSG).

A continuación, Pablo ensalzó las maravillas de la asombrosa gracia de Dios. No dijo que Cristo murió porque fuéramos buenos, dignos de gran valor o maravillosos. Su muerte nunca tuvo que ver con la bondad del hombre. En cambio, Pablo recordó que Cristo murió por "los malvados" (v. 6), por "los pecadores" (v. 8), y que éramos "enemigos" de Dios (v. 10). Que hayamos alcanzado un estatus por el que merezca la pena morir es una dilución sutil y mortal de la gracia de Dios. La gracia de Dios tiene que ver con la grandeza de Jesucristo, no con nuestra valía.

Otra frase habitual en los sermones es: "Jesús te amó tanto que murió por ti". Eso no tiene sentido sin un poco de contexto. Si estuvieras sentado en un banco viendo el Gran Cañón y alguien se te acercara y te dijera: "Te amo, así que voy a morir por ti" y luego saltara del acantilado, ¿qué sentido tendría? La muerte de Jesús por ti y por mí sólo tendría sentido si nos exigieran una muerte. Y la hay, debido a nuestro pecado contra Él. Ese pecado requiere un pago, es decir, la muerte. Sólo entonces tiene sentido la sustitución.

Como observó C. S. Lewis en El peso de la gloria, "Dios no murió por el hombre a causa de algún valor que percibiera en él. . . Haber muerto por hombres valiosos no habría sido divino, sino meramente heroico; pero Dios murió por los pecadores. Nos amó no porque fuéramos dignos de amor, sino porque Él es amor".[6]

Jesús murió la muerte que me correspondía. Él se convirtió en el juzgado, pagando la deuda completa por el pecado que yo tenía con Dios porque Él es grande, no porque yo sea grande.

También estamos completos en Él porque Dios nos ha adoptado como familia. Adopción es hacernos Sus hijos por gracia gratuita. Observe en los siguientes pasajes cuán a menudo se nos dice que todo es de Dios:

Y ustedes no recibieron un espíritu que de nuevo los esclavice al miedo, sino el Espíritu que los adopta como hijos y les permite clamar: "¡Abba! ¡Padre!". . . somos hijos de Dios". (Romanos 8:15-16)

Dios envió a su Hijo, nacido de una mujer, nacido bajo la ley, para rescatar a los que estaban bajo la ley, a fin de que fuéramos adoptados como hijos. . . Dios ha enviado a nuestros corazones el Espíritu de su Hijo. . . y te ha hecho también heredero". (Gálatas 4:4-7)

Dios lo hizo todo y nosotros lo recibimos todo.

¿Has considerado las innumerables implicaciones que esta realidad puede tener en una vida? Jesús renunció a su nombre y a su reputación cuando fue a la cruz. Por Su resurrección y ascensión, recibiendo el nombre sobre todo nombre, Él ha quitado nuestra vergüenza de ser huérfanos sin nombre en este mundo y nos ha dado Su nombre.

Por Su gracia, Él transformó quien eras naturalmente en una persona sobrenatural (2 Pedro 1:4) con Dios como tu Padre. Jesucristo, Dios el Hijo, es tu Hermano Mayor. El Espíritu de Su Hijo te trae honor restaurado al admitirte a todos los privilegios de ser heredero de todas las promesas y coheredero de toda Su herencia (Romanos 8:16-17; Gálatas 3:29).

Debemos darnos cuenta continuamente del coste de nuestro rescate, siendo cautivados por el amor, la belleza y la gratuidad de Su gracia: En amor nos predestinó, justificó y glorificó. "En amor nos predestinó a ser adoptados como hijos" (Efesios 1:4-5). No es que nosotros hayamos amado a Dios, sino que Él nos amó primero. Esa realidad debería dejarnos sin aliento. Piensa en esto: "Este Dios tan generoso... os da algo que luego podéis regalar, que crece hasta convertirse en vidas plenas, robustas en Dios, ricas en todos los sentidos, para que podáis ser generosos en todos los sentidos, produciendo con nosotros una gran alabanza a Dios" (2 Corintios 9:10-11, MSG). Somos "parientes" de Dios, es decir, estamos correctamente emparentados con Dios por su nuevo linaje, con una riqueza de parentesco que debemos regalar.

Discipulado

El tercer elemento o realidad de tu identidad es tu discipulado. Sé que la mayoría de nosotros no pensamos en ser discípulos de Jesucristo como algo que forma nuestra identidad, más bien es algo que debemos hacer. Sin embargo, entiende que desde el momento en que fuiste rescatado, el Espíritu Santo te está discipulando en tu viaje cristiano. Usted está siendo renovado por Cristo. El discipulado es una obra progresiva de Dios, no algo estático o algo que nosotros hacemos. Como escribió Stephen Smallman, "Un discípulo de Jesús es aquel que ha escuchado el llamado de Jesús y ha respondido arrepintiéndose, creyendo en el evangelio y siguiendo a Jesús, con otros."[7]

El discipulado consiste en cambiar progresivamente de una forma de vida a otra, y se produce mediante la participación activa del verdadero socio responsable, el Espíritu Santo. Jesús rogó al Padre que nos diera el Espíritu Santo (el Espíritu de la Verdad) para que viviera en nosotros para siempre (Juan 14:16-18). Así es como

Jesús puede prometer: "Nunca te dejaré; jamás te abandonaré" (Hebreos 13:5).

El Espíritu Santo hace muchas cosas por nosotros. Una de ellas es apuntarnos a Cristo (Juan 16:12-15) y convencernos de que el Evangelio es verdadero y real. También nos convence, llevándonos a un arrepentimiento lleno de gozo. También nos renueva en su poder para que sigamos al Señor, y obra en nosotros el cambio que necesitamos para completar en nosotros todo lo que el Padre había diseñado originalmente que fuéramos: "Dios ha derramado su amor en nuestro corazón por el Espíritu Santo que nos ha dado" (Romanos 5:5). Es a través de la presencia activa del Espíritu Santo que nos convertimos tanto en influenciados por el Evangelio como en influenciadores del Evangelio en el mundo.

¿Por qué necesitamos la presencia operante activa? Una de las razones principales es que somos santos y pecadores simultáneamente. No unas veces soy un santo y otras un pecador. El plan de discipulado del Espíritu Santo consiste en recordarnos nuestra santidad. Estamos unidos y completos en Cristo. Dios nos ha dado todo lo que necesitamos para vivir como seguidores de Dios. Por eso se nos llama regularmente santos santificados.

Sin embargo, tenemos que ser conscientes de la propensión que tenemos a dudar de Dios y a desobedecer lo que Dios nos muestra claramente que es el modo en que quiere que vivamos en unidad con Él. El Espíritu Santo nos sigue alineando con Sus caminos, para vencer la tentación de volver a nuestra anterior forma de vida. Viene un tiempo, puede ser en un futuro cercano o puede que ya haya llegado, cuando la vida te va a parecer imposible y vas a querer volver a tus viejos hábitos de relacionarte con este mundo, con los demás, y con los estresores de la vida. Pensarás: "Debería volver a las viejas costumbres de búsqueda de placer o a las reglas religiosas".

Una de las cosas amorosas que hace el Espíritu es recordarnos: "He sido crucificado con Cristo, y ya no vivo yo, sino que Cristo vive en mí. Lo que ahora vivo en el cuerpo, lo vivo por la fe en el Hijo de Dios, quien me amó y dio su vida por mí. No desecho la gracia de Dios" (Gálatas 2:20-21). Él nos impide volver atrás.

Cuando no tienes clara la realidad de que al mismo tiempo eres un santo, completo en Cristo (reconciliado, adoptado, unido a Él), y todavía alguien que puede caer en un momento de su elección, lucharás para liberarte en lugar de ser libre para luchar.

Si olvidas que eres un pecador, puedes sentirte devastado por tu comportamiento pecaminoso porque tienes una visión demasiado elevada de ti mismo. Cuando olvidas que eres un santo, tienes una visión demasiado baja de ti mismo y puedes vivir en las sombras como un huérfano. Ambas cosas son ciertas al mismo tiempo. Esta es una realidad de la vida en gracia vital. Es una parte clave de nuestro discipulado: seguir a Jesús en la vida.

Un día llegarás a ser lo que Dios quiso que fueras al principio. La intención de Dios al hacerte semejante a Cristo es que seas como Él, el humano perfecto. Jesús era, en carne humana, la verdadera Imagen del Dios invisible, y Su deseo es que tú seas plenamente humano como portador de la imagen. Tú no puedes cambiar tu pasado, pero Dios cambiará el futuro al que te llevaba tu pasado.

Tu salud espiritual y emocional es coherente con el grado en que has creído la Verdad verdadera en la gracia vital y la estés integrando a tu vida. Puede que la cultura te diga que sólo tú eres el héroe de tu propia historia, pero sospecho que has descubierto que es una promesa vacía. De hecho, eso es lo que a la mayoría de nosotros nos dicen cada día: Busca en tu interior y encuentra tu fuerza interior.

El mundo intenta hacerte creer que, a medida que encuentres tu independencia personal, descubrirás tu libertad y tu fuerza personales. La gracia vital nos señala lo que es verdad: cuanto más dependas menos de ti mismo y más de Cristo, más libre y fuerte serás.

Porque la gracia de Dios te ha cambiado de una vieja identidad a una nueva, tienes un nuevo futuro. Ahora disfrutas de una libertad renovada para ser quien estabas destinado a ser. No nos limitamos a seguir las enseñanzas de Jesús, lo cual nos hace cristianos. Estamos unidos a Cristo. No somos nuestros, sino que Él está en nosotros y nosotros en Él, formando la verdadera espiritualidad como personas plenas, aceptadas, seguras y en paz.

Descubrir el amor verdadero

Una vez que estamos seguros de quiénes somos en unión con Cristo como personas creadas, rescatadas y discipuladas, nos situamos en un lugar profundamente nuevo en la vida. La gracia no sólo perdona nuestra deuda, sino que también nos lleva a una nueva vida con una vocación renovada y más elevada.

Este es el asunto: Algunos en el mundo cristiano piensan que una vez que dices que Dios quiere algo de ti, has distorsionado la gracia. Dicen que la gracia es gratuita y que, por tanto, no estamos en deuda con Dios. Tropiezan con dos himnos clásicos: "Jesus Paid It All" (Jesús lo pagó todo) con la estrofa, "Jesus paid it all, all to him I owe"[8] (Jesús lo pagó todo, todo se lo debo a él) y "Come Thou Fount" (Ven a la Fuente) con la letra, "Oh to grace how great a debtor daily I'm constrained to be" (Oh, a la gracia cuán gran deudor a diario estoy obligado a ser).[9] De hecho, esas letras podrían hacernos pensar que debemos pagarle siendo buenas personas. Por supuesto, nunca podríamos pagarle a Dios. Y lo que es más importante, Él no nos pide que se lo devolvamos. Como Pablo prometió con alegría: "No hay ninguna condenación para los que están unidos a Cristo Jesús" (Romanos 8:1). Se nos ha dado todo lo que necesitamos, gratuitamente.

Un día le preguntaron a Jesús: "¿Qué es lo más importante que Dios quiere?". Básicamente, ¿qué es lo más importante? Podríamos pensar en muchas respuestas. Quiere nuestra adoración. Quiere que hagamos lo que Él nos pide. Quiere que recemos. Quiere que cuidemos de Su creación. Quiere que le glorifiquemos. Quiere que practiquemos la misericordia y la justicia.

Jesús contestó con la respuesta más clara que se podía obtener: "Ama al Señor tu Dios con todo tu corazón, con toda tu alma, con toda tu mente y con todas tus fuerzas. . . [Y] ama a tu prójimo como a ti mismo. No hay otro mandamiento más importante que estos" (Marcos 12:30-31). Esta afirmación se ha llamado el Gran Mandamiento, pero los dos mandamientos no se pueden separar. No son secuenciales en una lista del tipo: "Dios es lo primero, el prójimo lo segundo y tú lo tercero". Los dos tienen la misma importancia. Debemos amar a Dios y al mismo tiempo amar al prójimo. Cuando amo a mi cónyuge, a mis hijos, a mi prójimo, estoy amando a Dios. Amo a Dios amando a mi prójimo, que también es imago Dei.

Lo principal para lo que Dios nos creó fue para ser amantes incondicionales del Dios que es amor y para amar a los que están hechos a su imagen. Porque somos la imago Dei de Dios, es justo y bueno amarle. ¿Es "deberle" realmente una expectativa demasiado grande?

Más tarde, cuando estaba a solas con sus amigos más íntimos, Jesús introdujo una modificación cualitativa en el mandamiento. Justo después de lavar los pies a sus discípulos, les dijo: "Este mandamiento nuevo les doy: que se amen los unos a los otros. Así como yo los he amado, también ustedes deben amarse los unos a los otros" (Juan 13:34).

Debemos amar a Dios y a los demás como Cristo nos ha amado. Pablo insistió en esta idea más adelante: "Imiten a Dios, como hijos muy amados, y lleven una vida de amor, así como Cristo nos amó" (Efesios 5:1-2).

Pablo también nos exhortó a "no tengan deudas pendientes con nadie, a no ser la de amarse unos a otros. De hecho, quien ama al prójimo ha cumplido la ley. Porque los mandamientos que dicen: "No cometas adulterio", "No mates", "No robes", "No codicies"... se resumen en este precepto: "Ama a tu prójimo como a ti mismo". . . Así que el amor es el cumplimiento de la ley" (Romanos 13:8-10).

Steve Brown, de quien he aprendido más que nadie sobre la gracia gratuita, comentó sobre este pasaje: "Debes amor. . . es una obligación. Y tampoco hay excepciones. Debes amor a los que no te quieren, a los mezquinos y a los poco atractivos. ¿Y si alguien no te corresponde? Sigues teniendo la obligación de amar. ¿Y si alguien no quiere que le ames? Sigues teniendo la obligación de amar".[10]

Ciertamente, Dios no le debe Su gracia a nadie. ¿Qué podría deberle Dios a alguien que no tiene nada o a alguien que está muerto, sin vida espiritual alguna? Pero, ¿no le debemos a Dios gratitud eterna? No debérsela en el sentido de devolvérsela, ya que, como hemos dicho, Él no quiere que se la devolvamos, aunque lo intentáramos. La gratitud, sin embargo, no es un pago, ¿verdad? El honor y el agradecimiento no son formas de pagar una deuda. Son respuestas legítimas y gloriosas a la bondad dada. Debemos tener cuidado de que una vacilación en decir que no le debemos nada a Dios nos aleje de la adoración y de la respuesta apropiada a la gracia. Recuerde, por naturaleza somos personas desagradecidas, por eso Jesús advirtió a sus seguidores sobre ser desagradecidos: "–¿Acaso no quedaron limpios los diez? –preguntó Jesús–. ¿Dónde están los otros nueve? ¿No hubo ninguno que regresara a dar gloria a Dios, excepto este extranjero?"". (Lucas 17:11-19).

Hace unos veinticinco años, oí la historia de una mujer que se casó con un hombre al que no conocía bien. Al regresar de su luna de miel, su marido le entregó una lista de tareas que esperaba que ella hiciera por él: cómo quería que le preparara la comida, le lavara y doblara la ropa y le limpiara la casa. Fue un shock para ella, pero era joven y no conocía nada mejor. Se esforzaba por quererle bien y servirle haciendo las cosas de su larga lista. No era duro ni violento, pero tenía grandes expectativas.

Un día, después de unos diez años de matrimonio, murió de un ataque al corazón. Fue repentino e inesperado. Ella vivió como viuda durante dos años. Un día conoció a alguien, se enamoró y se volvió a casar. Su segundo marido la quería y hacía muchas cosas por ella. Le decía cuánto la quería y lo guapa que era. Se reían mucho y disfrutaban estando juntos. Varios años después, mientras limpiaba cajas viejas, encontró la lista de deberes de su primer matrimonio. Sonrió y luego se echó a reír. Todo lo que había en la lista lo seguía haciendo. Pero ahora no las hacía por obligación, sino por amor.

Cuando somos transformados, rescatados y hechos Sus seguidores, recibimos un nuevo corazón con nuevas estructuras motivacionales para amar a Dios y a nuestro prójimo. También recibimos un nuevo poder para hacerlo.

Tu comprensión de vivir en gracia vital nunca será mayor que tu comprensión de esta realidad: se te ha dado un corazón nuevo. Tu vida anterior como hijo de Adán y Eva está muerta. Ahora Cristo está vivo en ti y, por el poder del Espíritu Santo, eres libre para amar.

Tenemos el placer de encontrar en Él, nuestro perdón. Y, a través de Él, podemos ofrecer el perdón a otros que todavía están luchando por perdonar.

Sólo se puede amar en la medida en que se ha experimentado el amor. Sólo el corazón que ha sido absolutamente amado y conoce el perdón absoluto, puede amar a Dios y al prójimo. Sólo mediante una experiencia de gracia vital a través de Jesucristo puede el corazón ser cambiado sobrenaturalmente para amar a los que hieren. Alguien dijo: "La religión dice: 'Dios nos amará si cambiamos'. El cristianismo dice: 'El amor de Dios nos cambia'".

Sin embargo, si alguna vez has intentado amar como Cristo te ha amado, sabes que te has encontrado cara a cara con la constatación de que no puedes hacerlo. Es un duro descubrimiento admitir que no puedes amar a Dios o a tu prójimo como lo hizo Jesús. Los escritores del Libro de Oración de Oxford comprendieron lo que tiene que suceder en nuestras vidas si queremos amar bien. Nos recordaron cómo tenemos que orar por amor: "Querido Señor, sé que si no te amo con todo mi corazón, con toda mi mente, con toda mi alma y con todas mis fuerzas, amaré a otra cosa con todo mi corazón, mi mente, mi alma y mis fuerzas. Concédeme que, amándote a Ti primero, me libere de todos los amores y lealtades menores y te tenga a Ti como mi primer Amor, mi principal Bien y mi gozo final."[11]

En el próximo capítulo consideraremos lo que hacemos una vez que estamos seguros de nuestra unión en Cristo y de Su voluntad de que le amemos a Él y a los demás. Una cosa sé con certeza, si eres alguien que ha experimentado el amor de Dios y has recibido todo de Dios gratuitamente, ahora quieres agradar al Dios que te ha amado y te lo ha dado todo. Tu voluntad ha cambiado radical y milagrosamente. Si te impulsa el moralismo o el auto-hedonismo -la sensación de que tienes que ganarte el favor de Dios con tu obediencia, de que tienes que trabajar para pagarle, o de que deseas seguir dependiendo de ti mismo, viviendo como te dé la gana-, entonces es posible que no hayas experimentado una efusión radical de la gracia de Dios. Porque cuando no recibes la gracia, terminas siguiendo reglas hechas por otros. O peor aún, das reglas a otros.

Tengo un amigo que es un artista experto en maquetas de coches. Construye maquetas de coches a escala 1/43 para coleccionistas y aficionados de todo el mundo. Es uno de los dos mejores modelistas del sector. Hace mucho tiempo comenzó lo que se convertiría en una gran habilidad en el modelismo restaurando automóviles. Poco después de terminar la reconstrucción total de un Triumph TR3 de 1959, alguien se lo robó. Presentó una denuncia a la policía, pero nunca supo nada. Más de un año después, vio un anuncio de venta del mismo coche en una ciudad a unos trescientos kilómetros de su casa. Le había gustado mucho el suyo, así que decidió ir a ver el que estaba anunciado, pensando que podría comprarlo. Cuando llegó, aunque era de otro color y tenía ruedas diferentes a las de su coche, pensó que se parecía lo suficiente como para quererlo. Así que lo compró.

Un día, mientras trabajaba en el coche, observó una marca en el bastidor y se rió a carcajadas. "No puede ser". La marca que vio era la misma que había hecho en su coche mientras lo reconstruía. Más tarde me dijo: "Yo construí ese coche y yo compré ese coche".

Este es el punto. Dios te construyó para que fueras suyo, pero tú, como tus padres antes que tú, no querías a Dios. Te querías a ti mismo. Tu vida fue robada, arruinada, esclavizada y viviste bajo una maldición. La gracia de Dios en Su evangelio es que El te amó, vino por ti, te compró, te perdonó, y puso en tu vida toda Su excelencia. El te esta reconstruyendo para que finalmente encuentres vida con El. Usted es al mismo tiempo aceptado y aceptable, pero El no ha dejado de amar y trabajar para renovarle a usted y a todas las cosas. De hecho, un dia El regresara y completara la renovacion.

Capítulo 6
Asombrosa tierra de Gracia

La gracia no sólo salva el alma con una salvación eterna, sino que
también imparte una nueva naturaleza que se deleita en Dios.

-Autor desconocido

En nuestra cultura hay algunas historias de la Biblia de las que oímos
dichos comunes. Cuando una persona de la oficina es despedida por
un fallo de alguien de más arriba, la gente dice: "Él [o ella] era el
"chivo expiatorio" (tomado de Levítico 16). Normalmente, cuando
hemos predicho un mal futuro para alguien, como saber que el nuevo
matrimonio de un amigo no va a durar, y la predicción se cumple,
podríamos decir: "Bueno, la escritura estaba en la pared" (tomado de
Daniel 5). Y la frase común que se usa cuando alguien ayuda a un
conductor varado o atiende a un extraño necesitado es que esa
persona fue "un buen samaritano" (tomada de Lucas 10:25-37).

Jesús contó la parábola del buen samaritano a un hombre que le
preguntó: "¿Qué tengo que hacer para heredar la vida eterna?". Sus
preguntas planteaban una cuestión sobre su destino eterno o, en
esencia: "¿Cómo consigo ser aceptado por Dios?". Imagínese. El

hombre preguntó a Aquel que prometió la vida eterna cómo conseguirla.

Jesús respondió dirigiéndose primero al ídolo superficial del hombre, indagando para encontrar al héroe de su historia. "¿Qué está escrito en la ley?," respondió Jesús. "¿Cómo la interpretas tú?" El dedicado líder religioso respondió con la misma respuesta que observamos en el hombre que quería saber lo que Dios esperaba de nosotros: "Ama al Señor tu Dios con todo tu corazón, con todo tu ser, con todas tus fuerzas y con toda tu mente" y "Ama a tu prójimo como a ti mismo".

Jesús, como antes, respondió: "Bien contestado. Haz eso y vivirás."

Pero el hombre no estaba contento con la respuesta. Quería "justificarse", no excusarse, y poder declararse no culpable de ninguna infracción de la ley. Mostró el problema que tiene todo corazón humano: queremos encontrar alguna manera de auto-justificarnos, de declararnos no culpables y, en cambio, estar bien.

Jesús respondió, como de costumbre, con una parábola. Las parábolas eran historias concisas que tenían una verdad central. Esta parábola no era una historia para hablar de la necesidad del ministerio de la misericordia o de la justicia social, por muy importantes que sean. De hecho, las características específicas de la parábola no son fundamentales. Recuerde, no sucedió realmente y no había ningún samaritano real. Es sólo una historia para explicarle al hombre cómo puede quedar bien con Dios. Ese es el problema central de su corazón: cómo ganarse la vida eterna (justificarse a sí mismo) observando un estricto código moral.

Jesús se dirigió a su auditorio y comenzó su dramática parábola: "Un hombre bajó la colina del camino de Jericó y fue asaltado, golpeado y dado por muerto. Dos líderes judíos que decían amar a Dios y amar a los demás pasaron por allí, pero no quisieron ayudar". (Aquí Jesús señaló sutilmente que el cumplimiento de la ley no puede hacernos estar bien con Dios, porque no podemos cumplir la ley, por muy buenos cumplidores de las normas que creamos ser). Y continuó: "Entonces pasó un samaritano, lo vio, lo curó y lo llevó a una taberna del camino. Se quedó toda la noche cuidando del herido y luego le pagó dos meses de alojamiento con la promesa de que, cuando volviera, le pagaría lo que le debía. Fue un amor generoso más allá de lo imaginable. No un amor imprudente, sino planeado, decidido, costoso e inmerecido. Era algo a cambio de nada. El samaritano generoso amó al forastero, al prójimo y a su enemigo (los judíos odiaban a los samaritanos), rescatándolo de una muerte segura.

Recuerda que, en respuesta a la ley de amar al prójimo para obtener la vida, el hombre había preguntado: "¿Quién es mi prójimo?". Jesús respondió con una pregunta propia: "¿Cuál de los tres demostró ser prójimo?". En otras palabras, ¿quién amaba? Jesús estaba trabajando en el corazón del hombre para arrancarle su arrogancia. No se trata de "¿Quién es mi prójimo?", sino de "¿Soy un prójimo que ama a todos, incluidos mis enemigos (el samaritano)?".

El hombre contestó a regañadientes: "El que se compadeció de él".

Y Jesús, con un cierto grado de patetismo en su voz, dijo: "Anda entonces y haz tú lo mismo". Seamos claros, Jesús no estaba sugiriendo un método alternativo de salvación. Él estaba trabajando en el corazón idólatra personal y oculto del hombre. El hombre estaba buscando su aprobación final por sus propias obras. Jesús estaba desenmascarando su ídolo original. ¿En qué confiaba realmente para obtener la aprobación de Dios?

¿Cuál debería haber sido su respuesta? Claramente debería haber sido: "Eso es imposible. No puedo hacerlo. Nadie puede hacerlo. Ni siquiera puedo amarme a mí mismo de esa manera. Y Tú dices que debo amar así a todo el mundo. Me parezco más a la persona que está en la cuneta, indefensa y desesperada. Señor, ten piedad de mí, pecador. Necesito gracia". Si hubiera respondido así, Jesús le habría dicho: "Exacto. Yo soy el Verdadero Buen Samaritano. Cree en Mí y confía en Mí y te daré la vida que tanto necesitas, porque esa vida es un don de la gracia no por tu esfuerzo".

Cuando nos damos cuenta de que debemos amar a Dios y amarnos los unos a los otros y admitimos que no podemos hacerlo, ¿qué podemos hacer? La obra de la gracia de Dios no disminuye el llamamiento a un amor dual -amar a Dios y amar al prójimo-, sino que lo amplía, porque el llamamiento no es a hacer expresiones externas o buenas obras. La gracia no nos "libera del anzuelo", por así decirlo, para que ya no tengamos que amar a Dios o al prójimo, ni es una expectativa de esforzarnos más para ser moralmente superiores añadiendo un mayor esfuerzo. La gracia nos permite amar a Dios de todo corazón y amar al prójimo con el tipo de amor que Cristo nos ha dado.

Si estamos amando al prójimo -tratando de actuar como un "buen samaritano"- porque nos da un sentido de aprobación moral (nos sentimos mejor con nosotros mismos, es decir, auto-aprobación) o para que el "prójimo" indefenso u otros nos admiren (o ganamos fama por la acción, es decir, aprobación de otros), no es el verdadero tipo de amor al que Dios nos está llamando. Es servir al ídolo de aprobación de nuestra vida anterior.

Tener un doble amor es nuestra lucha continua en lo que los teólogos llaman "santificación".

Cómo nos equivocamos al amar a Dios y al prójimo

La santificación no es sólo una apariencia de transformación (conformidad moral externa), sino una transformación real, que nos hace semejantes al Hombre Verdadero, el Hombre perfecto, Jesucristo.

Pero, ¿Cómo se produce el cambio momento a momento para que amemos a Dios y amemos al prójimo? La realidad es que el pecado ha causado una profunda herida en nuestras vidas y por nuestra parte en las vidas de los demás. Necesitamos una renovación diaria para recuperar la *imago Dei* estropeada.

En tu pasado, quizás te enseñaron una manera bidimensional de cambiar tu vida: "Confía y obedece porque no hay otra manera". Para confiar, te dijeron cada domingo que "aceptaras a Jesús como tu Salvador". Así que rezabas la oración. Pero luego venía la parte de obedecer. Dependía de ti esforzarte más, dejar de pecar y hacer lo que Dios quería. Te advirtieron que si no obedecías, herirías los sentimientos de Jesús o lo entristecerías o, peor aún, lo enfadarías. O tal vez te dijeron que si desobedecías, perderías Su favor y dejarías de ser Su amigo.

La primera mitad de la dimensión de "aceptar a Jesús" fue fácil. La segunda mitad fue mucho más difícil. Por mucho que pensabas que podías dejar de pecar y amar y obedecer a Dios, no podías. Conozco a muchos que finalmente se dieron por vencidos tratando de cambiarse a si mismos a través de la fuerza de voluntad y la auto-negación. Se agotaron tratando de ser lo suficientemente buenos y renunciaron por completo a vivir para Jesús.

Esta puede ser una de las razones por las que muchos acaban abandonando su iglesia. Dicen: "Realmente me esforcé, pero nunca pude hacer lo que me decían cada domingo que debía hacer". Hay una gran diferencia entre esforzarse por vivir para Jesús y vivir en Jesús.

Tal vez te enseñaron un enfoque unidimensional: que la fe sola (aceptar a Jesús como tu Salvador personal) era la única dimensión que necesitabas. Aprendiste: "Estás bajo la gracia, no bajo la ley, así que entrégate más a la gracia porque no hay reglas". Algunos incluso llegaron a enseñar que si alguien mencionaba obedecer a Dios, estaba siendo legalista. Muchos han tratado de vivir como si obedecer a Dios no importara. De hecho, vivían como si Dios no hubiera dado ninguna gracia a sus vidas. La gracia no era vital para la vida porque no traía ninguna transformación. Permanecieron en su estilo de vida anterior. La gracia no desarraigó nada ni trajo nueva vida, más bien les dio el boleto para seguir viviendo por sí mismos.

Otro enfoque que puede que hayas aprendido es lo que yo denomino la doble dimensión. Al igual que el enfoque bidimensional, la doble dimensión reconoce la necesidad de creer en Jesús. Sin embargo, la realidad obvia es que los cristianos fallamos todo el tiempo (no amamos a Dios, a nuestros amigos, cónyuges, hijos, mucho menos a nuestros enemigos), así que la segunda parte era arrepentirse una y otra vez. Aprendiste: Las dimensiones dobles son la fe (aceptar a Jesús como Salvador) y el arrepentimiento por los pecados. Esas dos son todo lo que necesitas para cambiar. Confía en Jesús y admite a través de confesar o admitir tu pecado, y por ello, negarte a ti mismo más y más. Este enfoque nunca invitó a la transformación radical sólo admitir el fracaso continuo.

Un joven pastor recibió una vez una carta en la que su mentor en la fe le explicaba lo que hacía la vitalidad de la gracia para lograr la transformación de la vida: "La gracia de Dios... nos enseña a rechazar la impiedad y las pasiones mundanas. Así podremos vivir en este mundo con justicia, piedad, y dominio propio, mientras aguardamos la bendita esperanza, es decir, la gloriosa venida de nuestro gran Dios y Salvador Jesucristo. Él se entregó por nosotros para rescatarnos de toda maldad y purificar para sí un pueblo elegido, dedicado a hacer el bien" (Tito 2:11-14).

En esta carta de Pablo a Tito, Pablo ofrece tres dimensiones: confesión del pecado, creer en Cristo y obediencia. Eso es lo que la santificación obra en nuestras vidas y la gracia cubre.

Gracia Vital en 3D

Hay tres dimensiones de la gracia vital que renuevan la vida de un cristiano. He denominado a estas dimensiones "Evangelio 3D". Las tres dimensiones - angustia (confesión o arrepentimiento delpecado, deleite (fe sólo en Cristo), y dirección (obediencia a Su llamado) - aunque son piezas diferentes, operan juntas en la vida como una sola. La 3D evangélica es cómo cambiamos, crecemos, maduramos, nos desarrollamos o nos santificamos mientras caminamos por la tierra de la gracia asombrosa. El método de santificación de Dios no es a través de la actividad y el esfuerzo autosuficientes (como en "Sólo esfuérzate" o "Sólo di que no") ni es simplemente apatía autoindulgente (como en "Sólo déjate llevar y deja a Dios"). Más bien, es lo que Francis Schaeffer denominó, una "pasividad activa momento a momento".[1] La gracia de Dios nos capacita con tres dimensiones o movimientos continuos en la vida por la actividad presente del Espíritu Santo.

La dimensión de la angustia: El arrepentimiento gozoso

Uno de los primeros elementos de vivir momento a momento como una nueva criatura es no sólo darte cuenta de que sigues arruinado y herido por tu pecaminosidad, sino que arruinas y hieres a otros por tu pecaminosidad. Cuando te hiciste cristiano, es cierto que fuiste perdonado y completamente libre de cualquier deuda con Dios, entonces ¿por qué necesitas arrepentirte o confesar tu pecado?

La realidad que todos conocemos muy bien es que seguimos cometiendo pecados. Todos los seguidores de Cristo vuelven a sus vidas "anteriores". Y el arrepentimiento, la confesión de nuestros pecados a Dios y a los demás contra los que hemos pecado, es crucial para mantener la vitalidad de nuestras vidas en el Espíritu y la amistad con los demás. Martín Lutero nos recuerda: "En consecuencia, uno debe estar dispuesto a decir: 'Es verdad. He pecado. Pero no desesperaré por ello'" [2]

Cuando el arrepentimiento es activo, no necesitamos desesperarnos, sino angustiarnos por nuestro pecado y tener un cambio de opinión por la dirección equivocada que estamos tomando. Cuando el rey David fue confrontado con sus pecados contra Betsabé y su esposo, Urías, se arrepintió ante Dios: "Contra ti he pecado, solo contra ti, y he hecho lo que es malo ante tus ojos" (Salmo 51:4). Había pecado en el adulterio y en un asesinato orquestado, pero en última instancia, había pecado contra Dios porque había buscado a alguien para encontrar consuelo en la vida y para su seguridad personal a través de un asesinato. Estaba profundamente afligido porque era malo, así que se arrepintió de corazón, confesándoselo a Dios.

Pero primero se centró en la bondad de Dios: "Ten compasión de mí, oh Dios, conforme a tu gran amor; conforme a tu inmensa bondad, borra mis transgresiones. Lávame de toda mi maldad y límpiame de mi pecado" (Salmo 51:1-3). Fue esa bondad (el amor inagotable de Dios y el conocimiento de que podía ser limpiado) lo que llevó a David al arrepentimiento.

Cuando llegamos al lugar de arrepentirnos o confesar nuestros pecados, estamos acordando con Dios que hemos estado tras la impiedad y un "deseo excesivo" de algo que no sea la vida suficiente de Cristo. Al arrepentirnos, estamos aceptando vivir en dependencia del Espíritu Santo. El Espíritu nos asegura de nuestra nueva vida y nos hace de todo corazón dispuestos y capaces de vivir para Él. Él es fiel y verdadero para restaurarnos y renovarnos. Como explicó Steve Childers: "Así que el arrepentimiento no debe ser visto como un mero cambio de nuestro comportamiento externo, sino principalmente como una voluntad de apartar los afectos y la confianza de nuestro corazón de nuestros ídolos".[3] Estamos volviendo a nuestro ser más verdadero: hombres y mujeres creados que han sido amados profundamente, reconciliados con Dios por la sustitución de Cristo y adoptados como coherederos con Él.

La inclinación del corazón humano sigue siendo hacia el yo. Tenemos una necesidad continua de ponernos de acuerdo con Dios sobre nuestra autojustificación, autoprotección, auto-excusas y comportamiento farisaico.

El autor Paul Tripp nos recuerda: "El problema es que a los pecadores les cuesta confesarse. Todos tenemos maneras de librarnos del anzuelo. Cuando la luz de la verdad brilla sobre nosotros, instintivamente negamos, reconstruimos la historia, explicamos, acusamos, culpamos, defendemos, argumentamos, racionalizamos o escondemos. . . [pero deberíamos] decir palabras humildes y específicas de confesión al Señor, no debilitadas por "peros" y "si sólo".[4]

Es una realidad que todos debemos enfrentar, pero la persona más fácil de engañar eres tú. Tener un corazón arrepentido hacia Dios y hacia los demás te mantiene honesto bajo la superficie de la vida. Te mantiene alejado del autoengaño. Desarraigará los ídolos de tu vida anterior.

Si no practicas el arrepentimiento regular del pecado continuo, entonces cuando peques (que lo harás), caerás en la inclinación del corazón humano de tratar de justificarte - "Él me obligó a hacerlo" o "Fue una infracción menor, sólo un pequeño error, y todos los cometemos"- o tratarás de corregir tu conducta re-dedicando tu lealtad al Dios de la ley y las reglas - "Prometo que nunca volveré a hacer eso". Poner excusas o volver a dedicarte a las reglas es un rechazo a Cristo como tu Dios amoroso, bueno y bondadoso, que se te ofrece en Su evangelio de gracia.

La angustia llena de alegría al arrepentirte o confesar tus dudas egoístas y pecaminosas y tus actos de traición a Dios no es autocompasión y autocastigo, es admitir que el pecado ha vuelto a entrar en tu vida y que te has apoyado en los ídolos de tu vida anterior. El camino de vuelta a la maravilla de la cercanía y la vitalidad de una amistad restaurada con el Padre es a través de una puerta marcada por el arrepentimiento. El arrepentimiento es nombrar el pecado específico, no simplemente readmitir lo obvio de que eres un pecador.

Necesitamos arrepentirnos ante Dios de nuestros pecados superficiales (por ejemplo, confesar la mentira que dije a mis padres o a mi cónyuge), pero la alegría vuelve cuando podemos llegar al pecado en su origen (por ejemplo, la razón por la que mentí fue que confié en que mi consuelo y seguridad se encontrarían en aquello sobre lo que mentí) y desarraigar ese pecado confiando en Cristo. Y como prometió el apóstol Juan, si confesamos nuestros pecados, Él es fiel a Su promesa y siempre equitativo para perdonar nuestros pecados y limpiarnos de todo lo que no cumpla con Su aprobación (ver 1 Juan 1:9). Como nos recuerda mi amigo Steve Brown, "Arrepentirse significa simplemente estar de acuerdo con Dios sobre lo que hay que cambiar en tu vida... No significa ni más ni menos que estar de acuerdo con Dios sobre quién eres, qué has hecho y qué necesita ser cambiado."[5]

Mucha gente en la industria de la mentoría enseña que los mentores nunca dicen nada, sólo sirven para reflejar a su cliente lo que hay en ellos. Enseñan que la solución está en y de la persona, así que hay que dejar que la encuentre por sí misma. Bueno, eso podría ser algo bueno si la persona ve que, en y de sí misma, "no mora nada bueno". Si el espejo de Dios, la Biblia y el Espíritu, les hace confesar su pecado y su no-amor egoísta, y se arrepienten por el gozo del evangelio, y vuelven en fe a Dios, entonces eso es algo bueno.

No debemos tratar de dividir el arrepentimiento y la fe en algún orden cronológico. Por eso he dicho que operan continuamente en nosotros. El arrepentimiento debe estar conectado con la fe. Debemos creer arrepentidos y, como veremos, creer arrepentidos.

La dimensión del deleite: La fe permanente

Puede que no estés de acuerdo conmigo en esto, pero tener fe es una de las dimensiones más incomprendidas de vivir una verdadera vida espiritual. Entendemos que debemos creer, pero ¿qué significa creer o decir que tenemos una fe continua? Francis Schaeffer escribió: "Eva dudó de Dios, ese fue su pecado. Llamó a Dios mentiroso. Eva dudó de Dios, y yo, como hijo de Dios, debo hacer exactamente lo contrario: Debo creerle. Eva dudó, y la humanidad en rebelión duda de Dios. Creerle, no sólo cuando acepto a Cristo como Salvador, sino en cada momento, momento a momento: ésta es la vida cristiana, y ésta es la verdadera espiritualidad." [6]

Confiar en Cristo no es algo natural; confiar en nosotros mismos sí lo es, por lo que la vida en la gracia vital es una fe continua o un deleite en la verdad de que Cristo realmente es suficiente. Si releemos Tito 2, veremos que la gracia nos enseña a vivir en el mundo presente, "mientras aguardamos... a nuestro gran Dios y Salvador Jesucristo. Él se entregó por nosotros para rescatarnos" (vv. 13-14).

¿Cómo aprendemos a deleitarnos? Será un reto deleitarnos en Cristo, por lo que siempre será una lucha creer que Él es suficiente. Sin embargo, la duda no es realmente la ausencia de creencia, sino en realidad una confianza redirigida. Como ya hemos visto, aquello a lo que se aferra nuestro corazón es lo que creemos que nos dará aprobación, consuelo y seguridad, básicamente la vida que perdimos en el jardín. A. W. Tozer explica: "Las raíces de nuestros corazones han crecido hasta las cosas y no nos atrevemos a arrancar ni una raíz para no morir".[7] Para el cristiano, dudar de Dios es en realidad poner la fe en alguien o en algo que no sea Cristo resucitado y la promesa que nos ha dado de ser vida para nosotros.

Mi buen amigo y colega Jim Moon, Jr. y yo disfrutamos enviando imágenes de algunos de los dichos culturales comunes sobre la fe que encontramos en tiendas o restaurantes o escuchamos en la televisión. Si usted tiene algunos de estos colgados en las paredes de su casa, perdóneme, no pretendo ofenderle. "Sólo cree" es el dicho más común. En Navidad cambia a "Cree" o "Yo creo", en Papá Noel, supongo. Otro es "Si lo crees, puedes lograrlo" o "Si te lo propones, puedes hacer cualquier cosa". El "créetelo" es un poco confuso si intentas desentrañarlo. Si creo que puedo ganar la lotería, ¿significa eso que puedo ganarla? Todavía no he ganado.

A menudo se nos dice que lo que importa es la sinceridad de nuestras creencias. Tengo amigos que creían sinceramente que obtendrían grandes beneficios invirtiendo su jubilación con un hombre que conocieron en la iglesia. Creían en él y en su plan y confiaban sinceramente en la cartera de inversiones que les vendió. Se lo creyeron: que aumentarían su patrimonio. Pero el hombre era un estafador y acabó en la cárcel por una estafa piramidal que se llevó el dinero de cientos de otros inversores. Ahora mis amigos están arruinados. Se lo creyeron sinceramente, pero no lo consiguieron.

Permítanme ofrecerles algunos más: "Cree que puedes y estarás a mitad de camino"; "Cree que hay bondad en el mundo"; "Cree en la magia"; "En esta casa creemos"; "Ella lo creyó, así que lo hizo". Ya te haces una idea. Creer es algo muy importante. Todo el mundo cree en algo. Puedes elegir en qué crees, pero no puedes elegir si crees o no.

He aquí una buena noticia: El cristianismo no es un salto hacia una idea etérea de desear, por muy sincera que sea. La fe cristiana nunca es fe en la fe ni es "sólo creer". Desafortunadamente, en el lenguaje cristiano que usamos, nuestra idea de creer puede sonar casi igual, con el cambio de una palabra o dos. "Dios lo dijo, yo lo creo, con eso está todo dicho" es un lenguaje cristiano muy común. "Dios ayuda a los que se ayudan a sí mismos" también suena por ahí. Una mezcla de esfuerzo humano y ayuda de Dios para compensar cualquier carencia por nuestra parte.

¿A quién señala cada una de las versiones? Todas ellas, seculares o cristianas, nos convierten en el foco. Somos nosotros quienes debemos creer. ¿Es el llamamiento a que tengamos una fe continua para trabajar nuestra propia fe? Sospecho que estarás de acuerdo conmigo en que no. Entonces, ¿cuál es la solución?

¿Qué quiero decir cuando afirmo que a menudo se malinterpreta la fe? Es fundamental que entendamos correctamente la fe, para no caer en la no fe. Vivimos en una cultura de la duda. Nuestros barrios están llenos de cínicos. La política, la ciencia y la medicina pueden hacernos dudar. Nuestro sistema educativo fomenta el escepticismo. Los líderes empresariales, la América corporativa, el gobierno, así como nuestros mercados financieros nos llevan a la creencia de que nada de lo que nos rodea es seguro, por lo que acabamos nadando en un mar de dudas.

La fe cristiana nunca carece de contenido. Muchos dicen: "Ponemos nuestra confianza, nuestra creencia, nuestra fe en Dios". ¿Pero en cuál? Oh, "el Dios de la Biblia", viene a ser la respuesta. Es un comienzo. Pero, ¿qué hay específicamente de Dios? "Oh, sí, debemos creer en Jesús", añade alguien. ¿Pero creer en qué? "Bueno, creemos que Jesús murió en una cruz". Sí, pero ¿cuántos de los soldados romanos que estuvieron en la crucifixión hace dos mil años creían que Jesús murió en la cruz? Todos ellos. Entonces, ¿qué tenemos que creer acerca de la muerte de Jesús en una cruz?

Vuelve a leer Tito 2:13-14: "Nuestro gran Dios y Salvador Jesucristo. Él se entregó por nosotros para rescatarnos de toda maldad y purificar para sí un pueblo elegido". ¿Qué debes creer de Jesús? "Se entregó por nosotros". Es decir, Cristo Jesús vivió la vida que necesitabas vivir perfectamente - amar a Dios y amar al prójimo - murió la muerte que se suponía que debías morir dando Su vida como el juicio y fue resucitado a una nueva vida como prueba de que la deuda fue pagada en su totalidad (Él te redimió), purificándote como Suyo propio.

¿Necesita más pruebas? El apóstol Pedro escribió: "Él mismo, en su cuerpo, llevó al madero nuestros pecados, para que muramos al pecado y vivamos para la justicia. Por sus heridas ustedes han sido sanados" (1 Pedro 2:24). Pablo también escribió:

> Por tanto, así como una sola transgresión causó la condenación. . . también un solo acto de justicia produjo la justificación que da vida… Porque así como por la desobediencia de un solo hombre muchos fueron constituidos pecadores, también por la obediencia de uno solo muchos serán constituidos justos. . . donde abundó el pecado, sobreabundó la gracia, a fin de que, así como reinó el pecado en la muerte, reine también la gracia que nos trae justificación y vida eterna por medio de Jesucristo nuestro Señor (Romanos 5:18-21).

Una joven me dijo una vez: "Creería en Dios si Él mismo me hablara. Incluso podría creer en el cristianismo si alguien volviera de entre los muertos para hablarme de él". Le contesté: "Alguien ya ha vuelto de entre los muertos, una vez para siempre, y Dios ha hablado de la vida a través de Él". Toda promesa que Dios ha dado se revela verdadera y encuentra su sí en Jesucristo (2 Corintios 1:20). Momento a momento, la fe en Jesús se cruza con nuestro corazón en lo más profundo.

¿Cómo encuentras la aprobación que tan desesperadamente necesitas? Crees que en la cruz, Jesucristo renunció a su reputación, honor y nombre para poder darte un nombre, Su nombre. Se hizo a sí mismo nada, tomando la naturaleza de un siervo y fue obediente hasta la muerte en una cruz. Tú confías en la verdad de que Jesús tomó cada pedacito de tu vergüenza, siendo avergonzado en la cruz. Fue resucitado de la muerte y Dios lo exaltó al lugar más alto y le dio el nombre que está sobre todo nombre (ver Filipenses 2:7-11). Él nos dio la aprobación final por Su resurrección al lugar más alto. Ya tenemos nuestro veredicto. Tenemos toda la aprobación necesaria. "Este es mi Hijo amado; estoy muy complacido con él" (Mateo 3:17) nos ha sido transmitido como propio.

¿Cómo encuentras la sensación de paz y consuelo en la vida? Confías en que Jesús vino y renunció a su posición en la gloria, perdió todas sus riquezas, para que tú pudieras tener toda la riqueza de la gracia. Confías en la verdad, como dice el Catecismo de Heidelberg, "de que no soy mío, sino que pertenezco -en cuerpo y alma, en la vida y en la muerte- a mi fiel Salvador Jesucristo. Él también vela por mí, de tal modo que ni un cabello puede caer de mi cabeza sin la voluntad de mi Padre que está en los cielos: de hecho, todas las cosas deben obrar conjuntamente para mi salvación."[8]

Jesús ascendió al cielo, y una de las razones fue enviarnos a su Santo Consolador: "Pero les digo la verdad: Les conviene que me vaya porque, si no lo hago, el Consolador no vendrá a ustedes; en cambio, si me voy, se lo enviaré a ustedes" (Juan 16:7).

¿Cómo encuentras tu seguridad en un mundo cada vez más inseguro? Por la fe en la verdad revelada, que Cristo renunció a su seguridad personal, se ofreció a sí mismo a los hombres pecadores para sufrir, fue sometido a juicio, y condenado a muerte (incluso una muerte vergonzosa en una cruz) para garantizar su seguridad eterna. Él fue resucitado de la muerte y luego ascendió al trono donde Él es el Rey reinante sobre todas las cosas, y tú eres coheredero con Él. Como dice Efesios 2:4-7: "Pero Dios, que es rico en misericordia, por su gran amor por nosotros, nos dio vida con Cristo, aun cuando estábamos muertos... ¡Por gracia ustedes han sido salvados! Y en unión con Cristo Jesús, Dios nos resucitó y nos hizo sentar con él en las regiones celestiales, para mostrar… la incomparable riqueza de su gracia, que por su bondad derramó sobre nosotros en Cristo Jesús".

Una vez le pregunté a Chuck, un hombre al que acababa de empezar a entrenar: "¿Cuál es el valor actual de la muerte y resurrección de Cristo en tu vida?". Su respuesta mostraba una vida transformada:

Estos últimos cinco años ha habido grandes pérdidas. Pérdida de trabajo, seguridad financiera y problemas matrimoniales. Fui injustamente arruinado profesionalmente. Sufrí dolor y dudé mucho de mí misma. Preguntas como: *¿Soy lo suficientemente bueno? ¿Lo suficientemente fuerte? ¿Lo suficientemente inteligente?* me acosaban constantemente. Cristo me salvó de perder la fe. Me salvó del materialismo. Me salvó de perder mi matrimonio por buscar el amor en otra parte. Al salvarme, me dio un sentido más profundo de la alegría y de Su amor por mí. Él es realmente suficiente y todo lo que necesitaba.

Es una vida de arrepentimiento y fe continuos.

La dimensión de la dirección: Obediencia a corazón abierto

Hace unos años, mi gran amigo Dave sufrió un grave ataque al corazón y tuvo que someterse a una cirugía de revascularización. Tenía lo que el médico llamó un "creador de viudas". En la recuperación de Dave, su cirujano le dijo que tenía que dejar de comer alimentos grasos, empezar a caminar y hacer un régimen de ejercicios cardiovasculares o podría no vivir mucho tiempo. ¿Fue un juego de poder o amor por su bienestar? Supongo que Dave podría haber seguido las indicaciones del médico por una de estas tres razones: miedo a la muerte, orgullo personal por su capacidad para recuperar la salud o por amor a su familia y a su bienestar.

Nuestra obediencia no es el destino, sino *una* de las dimensiones de nuestra santificación. Podemos elegir seguir Su dirección (o la ley que Él estableció; ésa es Su regla sobre nosotros) en una de tres maneras: temerosamente, arrogantemente, o con el corazón abierto. *Obediencia temerosa.* Uno de los motivos por los que obedecemos puede ser porque tenemos miedo. Muchas religiones y gran parte de la Iglesia se basan en el miedo en la forma en que debemos acercarnos a Dios.

En la taquillera película *Braveheart,* el ejército escocés al mando de William Wallace fue derrotado contundentemente por las fuerzas británicas en Falkirk debido a la traición de Robert the Bruce, uno de los principales señores escoceses. El padre de Bruce había llegado a un acuerdo privado con el rey de Inglaterra para entregar a Wallace a los británicos. Wallace descubrió que Robert era el responsable de su derrota. El Bruce se horrorizó y fue a ver a su leproso padre, que se había puesto a sí mismo en cuarentena.

"Es lo que había que hacer para proteger el futuro de la familia, aumentar tus tierras, con el tiempo, tendrás todo el poder de Escocia", le dijo su padre.

Robert the Bruce respondió enérgicamente: "Tierras, hombres, títulos, poder... nada".

"¿Nada?", replicó su padre.

"Sí, no tengo nada. Los hombres luchan por mí porque si no lo hacen, los echo de mis tierras, mato de hambre a sus mujeres y a sus hijos". [9]

¿En algún momento de tu vida te dijeron que obedecieras a Dios por miedo a que Él, por así decirlo, "te echara de su tierra, matara de hambre a tu mujer y a tus hijos?" Demasiados han vivido obedeciendo las reglas por miedo a que Dios los arruine. Alguien me dijo recientemente, "Siempre doy mi diezmo del 10 por ciento a Dios porque temo que si no lo hago, Él no me bendecirá financieramente.

Y Dios siempre ha cumplido su parte del trato". Eso no es gracia. Quise decirle, pero no lo hice, que Dios no quiere el 10 por ciento; Él quiere que le presentes tu vida como un sacrificio del 100 por ciento.

Si creciste en una iglesia que practicaba una religión basada en el miedo, quiero que sepas que te mintieron. A menos que la bondad y el amor de Dios se establezcan claramente como el contexto para la obediencia, nunca obedeceremos de corazón, porque el amor es la fuerza motivadora de la obediencia generosa. Conocer el amor de Dios es la única constante en toda la inconsistencia de nuestras vidas.

Obediencia arrogante (u orgullosa). Otro motivo es el orgullo. Nos esforzamos por purificarnos a través de la obediencia a las normas. Sentimos la necesidad de justificarnos, y obedecer las normas es una forma de conseguirlo. He conocido a muchos cristianos que se enorgullecían de no haber hecho nada realmente malo. Su obediencia nunca conduce a la libertad, conduce a una desobediencia más profunda, es decir, al orgullo. De hecho, la incredulidad en la libre gracia es arrogancia porque el incrédulo no encuentra dentro de sí mismo una razón para creerle a Dios por su salvación.

¿Recuerdas la historia del hijo pródigo? Pues bien, la versión típica de la Iglesia a menudo olvida la frase inicial de Jesús: "Un hombre tenía dos hijos" (Lucas 15:11). Era una parábola de dos hijos, uno que rechazó al padre por su rebeldía y consumo egoísta, y otro que rechazó al padre por su obediencia esclavizante. Se nos dice que el hijo que se quedó se enfadó y se negó a dar la bienvenida a casa a su hermano menor, arrepentido, y a la invitación de su padre a la fiesta.

Jesús continuó: "Indignado, el hermano mayor se negó a entrar. Así que su padre salió a suplicarle que lo hiciera. Pero él le contestó: '¡Fíjate cuántos años te he servido sin desobedece jamás tus órdenes, y ni un cabrito me has dado para celebrar una fiesta con mis amigos!'" (Lucas 15:28-29).

Literalmente dice: "Nunca en ningún momento descuidé un mandamiento Tuyo" y el resto, aunque tácito, es "por eso espero que mi bondad sea recompensada". Este es el orgullo de la vida, que ponemos nuestro historial moral, trabajamos duro para Dios, y creemos equivocadamente que ponemos a Dios en deuda con nosotros. Creemos que se *me debe*. Todas las religiones de la tierra son así. Está orientada a la producción, esperando que Dios acepte lo que tú y yo hemos hecho.

Esta historia pretendía ser una advertencia para las personas morales, justas y buenas que son devotas de los valores morales tradicionales y se enorgullecen de vivir según ellos. Aunque metan la pata, igual hicieron parte de ella y Dios compensa de todos modos lo que les faltó.

Jesús hizo estallar los mitos del orgullo religioso, y su auditorio - tanto los "pecadores" como los "morales"- quedó conmocionado. Nunca habían oído hablar de un Dios así. Y los arrogantes fariseos, que "nunca habían desobedecido" los mandamientos de Dios, sabían que se refería a ellos.

¿Quieres saber si tu obediencia está motivada por el orgullo? ¿Tienes envidia de otros que parecen recibir la bendición de Dios y sientes que tú no? "No es justo", murmuras. ¿Consideras que las personas no tienen esperanza? "No hay manera de que él/ella sea cristiano/a". Piensas equivocadamente: "*Fui lo suficientemente bueno para entrar*, pero no puedo ver cómo esa persona podría ser salva".

¿Qué hay de compararse con los pecados de los demás? *Yo nunca haría eso. Nunca habría hecho algo así,* piensas. Eso viene de un lugar de orgullo en tu obediencia.

También se puede ver arrogancia por ser una persona que no perdona. "¿No debería tener que pagar? ¿No hay algún tipo de tiempo que tienen que servir? ¿No hay algún nivel de humillación que se debe hacer antes de que simplemente dejarlos fuera del gancho?" Si creciste con una religión que se enorgullecía de su pureza y quería que tú hicieras lo mismo, te mintieron.

Obediencia a corazón abierto. Por último, podemos obedecer a Dios con el corazón abierto, o de forma incondicional, como respuesta agradecida a su gracia. Mi esposa, Raquel, tiene un sobrino que fue a la universidad y se quejó de que tenía que estudiar español para graduarse. Pagó la matrícula, odió todas las clases y apenas aprobó. "Tomé la clase", dijo, "pero no aprendí español". Después de la universidad, sin embargo, conoció a una chica de Colombia, Sudamérica. Se enamoró de ella, así que pagó a un profesor particular y aprendió español. El deseo de aprender su idioma no se debía a la norma de "tener que tener un segundo idioma" para graduarse, sino a que le encantaba.

Cuando la vitalidad de la gracia penetra en las motivaciones más profundas de nuestro corazón, nuestra nueva dirección en la vida es hacer mucho de Cristo, no de nosotros mismos. Nos volvemos generosos, por así decirlo, en nuestra obediencia para seguirle, por amor. "Si ustedes me aman, obedecerán mis mandamientos," recordó

Jesús a Sus discípulos (ver Juan 14:15, 21, 23-24; 15:10; 1 Juan 5:3) porque Él nos amó primero (ver Juan 15:9, 12; 2 Juan 4:9, 16).

Piensa en ello. ¿Cómo sería tu ciudad si todo el mundo tratara a los demás exactamente como debe ser tratado? Sé que es difícil de imaginar, pero sueña por un momento con cómo sería si amáramos a nuestro prójimo como a nosotros mismos. ¿Cómo cambiaría tu ciudad en un año? Estaría libre de racismo y desigualdad. Desaparecerían las violaciones, los asesinatos, los robos y las agresiones. Los matrimonios se fortalecerían y los niños jugarían juntos libremente con salvaje abandono. La educación sería mejor y la pobreza casi erradicada. Casi como en el Edén. Casi como lo que la mayoría de nosotros considera que debería ser.

Sin embargo, sabemos que la ley no puede hacer que la gente haga esas cosas. La ley no puede cambiar nuestros corazones. Dios no nos dijo que nos amáramos los unos a los otros como nos amamos a nosotros mismos porque, al hacerlo, limpiaríamos nuestros actos y seríamos aceptables para Él. Y definitivamente no fue un juego de poder de Su parte para demostrar que Él es el jefe.

La intención de Dios no era forzarnos a obedecer con reglas, sino mostrarnos lo desordenadas que son nuestras vidas en realidad. Fue para mostrarnos cómo debería ser la vida, tal y como fuimos diseñados originalmente para vivir. Y si seguimos Sus caminos revelados mientras vivimos en la tierra de la gracia asombrosa, siendo influenciados por Su gracia, nos convertimos en gente de influencia (*influencers*) que aman, disfrutan de la vida con Dios y con los demás, ofrecen misericordia como buenos "samaritanos", perdonan a los padres, cónyuges o amigos como hemos sido

perdonados, y perseveran en las dificultades o la persecución. La
obediencia de corazón abierto opera junto con la fe y el
arrepentimiento verdadero para la fama de Cristo y nuestro bien. La
obediencia, entonces, es una respuesta llena de alegría a la gracia. Se
convierte realmente en una obediencia generosa (o no vigilada) en el
sentido de que no es forzada, sino liberal, en cuanto que procede de
la fe en Cristo como bien supremo.

Nuestra lucha a lo largo de toda nuestra vida será dudar de Dios
y de Su amor por nosotros, y eso nos llevará a desobedecer a Dios. El
mundo nos grita, nuestras propias inseguridades interiores nos
acosan, y el Maligno nos susurra al oído: *No hay Dios que te rescate,
estás solo, así que haz que la vida funcione por ti mismo, a tu
manera.* Comenzó en el primer jardín, como vimos en la historia de
fondo, así que ha sido así durante mucho tiempo.

La tentación de hacer que la vida funcione por nosotros mismos,
de desobedecer a Dios, revela cómo buscamos encontrar satisfacción
en la vida. Cómo resistimos la tentación revela cómo encontramos
satisfacción con Cristo. Nuestra obediencia no es una forma de
ganarnos la aprobación de Dios, es una respuesta abierta y
agradecida a su amor por renovarnos. Permítanme reiterar un
principio que ya expuse: el amor de Dios por nosotros es la belleza
del Evangelio y la fuerza motivadora del Espíritu. Nuestra
obediencia fluye de la libertad de la gracia vital de Dios dada
gratuitamente. La cualidad de la gratitud está en el centro de una vida
influenciada por la gracia vital. ¿Por qué? Porque la generosidad es
el núcleo del cristianismo. Es el evangelio de la gracia, y es la marca
de un corazón radicalmente cambiado.

Evangelio 3D en color vivo

Para vivir en gracia vital, entonces, practicamos regularmente las tres dimensiones. La angustia (arrepentimiento, confesión del pecado), el gozo (fe en Cristo) y la dirección (obediencia sincera y abierta a Cristo) deben ser el color vivo de nuestras vidas. A veces seguimos la dirección del Espíritu actuando con amor, incluso antes de "sentir" que amamos. Obedecer a Dios, amar a nuestro prójimo, es siempre la opción correcta, tanto si estamos dispuestos a arrepentirnos como si nos deleitamos de nuevo en Cristo. A veces sentimos la angustia de no amar a Dios o a los demás y nos volvemos (arrepentimos) de nuestras vidas anteriores de amarnos a nosotros mismos más que a los demás. Richard Lovelace nos recuerda que "la entrada y el crecimiento de una nueva vida espiritual implican la ruptura de nuestra esfera de tinieblas por la fe arrepentida en la verdad redentora. Si la Caída [la Ruina] ocurrió por abrazar la mentira, el proceso de recuperación de la salvación debe centrarse en la fe en la verdad, revirtiendo la condición."[10]

A veces, nuestro paso en el Espíritu consiste en encontrar primero deleite en Cristo. Como dice C. S. Lewis: "Confiar en Dios tiene que empezar de nuevo cada día como si nada se hubiera hecho todavía".[11] Vivimos "con dominio propio" (Tito 2:12) porque nuestros afectos están realineados a un deseo mayor, la belleza y grandeza de Jesús. Dios nos salva del mal que hay en nosotros y a nuestro alrededor llenando nuestros corazones con algo más fuerte y elevado -un amor más grande- mediante el poder expulsivo de una influencia más fuerte, es decir, Él mismo. Cuando vienen los deseos de nuestra vida anterior, buscamos un deseo mayor. Luchamos para vencer luchando al nivel del deseo, porque la verdadera obediencia fluye de la fe en Cristo, el mayor tesoro.

Es el apóstol Pablo quien nos informa de que, a medida que crecemos en la tierra de la gracia asombrosa, la influencia del Espíritu nos cambia interiormente y produce una vida de influencia en los demás (véase Gálatas 5:22-23). Tener la influencia del Espíritu Santo es lo que significa ser cristiano. Una de las formas clave de saber que Él está vivo en nosotros es ver que nuestras vidas se conectan con otras en afecto amable y actos de misericordia. La alegría de Su obra en nosotros se desborda en la vida que nos rodea.

Deja de escuchar el susurro de tu corazón de que debes trabajar por tu propia salvación. En lugar de eso, recuérdate a ti mismo cada día, momento a momento, que debido a Su misericordia y amor, Jesús está trabajando en ti por medio de Su Espíritu. El quiere realinearte a Su llamado y dirección. Para ser claros, la angustia (confesión y arrepentimiento) y el deleite (fe en Cristo) no conducen a la dirección (obediencia a Cristo) y entonces has llegado. Vivir en 3D es una vida colorida de las tres D trabajando juntas hasta el momento en que tomas tu último aliento en la tierra.

Al vivir de esta manera, descubrirás que tu vida se compromete con el mundo perdido que te rodea de nuevas maneras. Tu trabajo o tu carrera adquirirán una nueva perspectiva: estarás trabajando para el Señor, no por dinero o fama, ya que sabes que recibirás una herencia del Señor como recompensa. Es al Señor Cristo a quien estás sirviendo (ver Colosenses 3:24-25).

Si usted no es un seguidor de Jesús hoy, arrepentirse, creer y obedecer a Dios no es algo que usted escogerá hacer. ¿Por qué? Porque significa la muerte a ti mismo y a tus estrategias de auto-salvación para hacer que la vida funcione. No puedes dejar ir este mundo y lo que te ofrece porque es todo lo que tienes. Déjame explicarte.

Hace varios años, descubrí que tenía una reacción grave a los camarones. En una ocasión, en la fiesta en el patio trasero de un amigo, comí algunos sin saberlo. Casi me mata. Ahora sé que cualquier marisco me mata. Si estuviera hambriento y me pusieran delante un plato de hígado y cebolla y otro de camarones fritos, por mucho que deteste el hígado y la cebolla, nunca elegiría los camarones, aunque tuviera libertad para hacerlo. ¿Por qué? Porque me mataría. Nunca elegirás a un Dios que te invita a morir a ti mismo. Por eso la gracia vital es un don que Dios te da. El Espíritu Santo de Dios debe cambiarte. Por eso la gracia vital es conseguirlo todo a cambio de nada.

El pastor escocés Thomas Chalmers aconsejó sabiamente:

La salvación por gracia, la salvación por gracia gratuita, la salvación no por obediencia sino según la misericordia de Dios, es indispensable para... la piedad. Retengan una sola pizca o fragmento de legalidad con el Evangelio, y le quitarán el poder del Evangelio para fundir y reconciliar. Para este propósito, cuanto más libre sea, mejor. Junto con la luz de un Evangelio libre, entra el amor del Evangelio. En la medida en que se menoscaba la libertad del Evangelio, también se ahuyenta este amor. Y nunca encuentra el pecador en sí mismo una

transformación moral tan poderosa, como cuando bajo la
creencia de que es salvo por gracia, se siente obligado por ello a
ofrecer su corazón como una cosa devota a Dios, y a evitar
[abstenerse o evitar] la impiedad. [12]

Es posible que hayas ido a la iglesia la mayor parte de tu vida.
¿Qué responderías si un mentor evangélico se acercara lo suficiente y
te preguntara: "¿Cuál es el valor actual de la gracia en tu vida?".
¿Sabrías dar una buena respuesta? ¿Una respuesta real? ¿Ofrece la
gracia que se te ha dado en Cristo alguna esperanza real de cambio
en tu vida?

Esto es lo que ocurre. Puede que te sientas atrapado por un estilo
de vida que odias. Estás esclavizado a él y has prometido que nunca
volverías a tener ese horrible comportamiento. En un lugar secreto de
tu corazón, tienes miedo de que nunca vas a cambiar realmente.

O puede que hoy sientas que te estás muriendo. Tus entrañas
están aplastadas por sueños no realizados y la pérdida es más de lo
que puedes soportar. Puede que te preguntes: *¿Me recuperaré algún
día? ¿Sentiré alguna vez una sonrisa en el corazón?*

O puede que hoy estés huyendo de Dios. Puede que te veas bien
por fuera, pero tu interior está en una tierra lejana. Te preguntas *si es
necesario cambiar.* Puede que dudes de que sea posible vivir sin ser
tan neurótico. La verdadera pregunta es: "¿Me cambia realmente la
gracia vital?". Yo respondería que sí, porque ése es el negocio en el
que está Cristo.

Volvamos brevemente a la historia que Jesús contó sobre los dos
hijos. Entendamos que es una microhistoria de la historia más grande
de la gracia de Dios. ¿Recuerdas a los dos primeros hermanos, Caín

y Abel, en Génesis 4? Uno de los hermanos desapareció (Caín había matado a Abel), así que Dios preguntó a Caín: "¿Dónde está tu hermano?". Y la famosa respuesta fue: "¿Soy yo acaso el guardián de mi hermano?". La respuesta implícita de Dios fue: "Sí, sí eres el guardián de tu hermano". En Lucas 15, Jesús contó tres historias: la del pastor que buscaba la oveja perdida, la de la mujer que buscaba la moneda perdida y la del padre con sus dos hijos. Pero el hijo mayor no buscó al menor.

Sin embargo, hay otro Hijo que está contando la historia. Hay un verdadero Hermano que amó a sus hermanos y hermanas perdidos hasta el punto de venir a buscarlos y salvarlos. Jesús es el héroe final de la historia. Dios planeó que toda la historia se desarrollara de cierta manera para que este Hijo -el verdadero Hermano mayor- tuviera toda la fama y que Su justicia -no la tuya, sino la Suya- fuera el tema ante Dios. El evangelio de la gracia es que Jesús es el único fundamento de nuestra aceptación ante Dios.

Miles de hombres y mujeres han sido rescatados de la desesperación mundana a través de esta gracia vital, y hay cristianos cuyas vidas han sido salvadas de la desesperación del legalismo y el moralismo. Él está cambiando a la gente sólo por la gracia a través de la fe sólo en Él. La gracia vital da fuerza al que no la tiene y bendice a los que viven por ella.

Capítulo 7

Agraciados una y otra vez. . .

Conviene que el corazón sea fortalecido por la gracia, y no por
alimentos rituales que de nada aprovechan.

-Hebreos 13:9

¿Te has dado cuenta de que una vez que oyes una canción y crees
que dice una cosa, aunque leas la letra, es difícil no cantar lo que
cantabas todas esas veces antes? Cuando suena en la radio la canción
de Elton John "Tiny Dancer", una de mis hijas sigue convencida de
que dice: "Hold me closer, I'm tired of dancing" (Abázame más
pegado, estoy cansado de bailar) en lugar de la letra correcta: "Hold
me closer, tiny dancer" (Abrázame más pegado, pequeña bailarina).
Esto no sólo ocurre con las letras de las canciones. También puede
ocurrir con las Escrituras.

Durante la mayor parte de mi vida, cuando he oído a alguien
citar las palabras de Jesús: "Mira que estoy a la puerta y llamo. Si
alguno oye mi voz y abre la puerta, entraré, y cenaré con él, y él
conmigo" (Apocalipsis 3:20), casi exclusivamente están usando ese
pasaje como una invitación evangelística a "recibir a Jesús en tu

corazón". Es posible que usted también lo haya escuchado usado sólo de esa manera, por lo que puede ser difícil escucharlo de otra forma. Debido a que lo hemos escuchado mal, nos hemos perdido la poderosa e instructiva invitación de Jesús de ser fortalecidos por Su gracia vital. Permíteme mostrártelo.

El contexto de las palabras de Jesús es el de la carta del apóstol Juan a los cristianos de Laodicea, que era una ciudad hermana de Colosas, situada justo al norte (el libro de los Colosenses fue escrito para la iglesia de allí). En su carta, Pablo dijo al pastor de Colosas que leyera su carta (el libro de los Colosenses) a la iglesia de Laodicea (véase Colosenses 4:16) y que ellos leyeran la carta que él había enviado a Laodicea (aunque no tenemos esa carta en la Biblia).

La carta de Juan a Laodicea (y a las otras seis iglesias de Apocalipsis 2 y 3) se escribió unos treinta y cinco años después de la carta de Pablo. Este mensaje era la advertencia de Cristo a la mayoría de los miembros de la iglesia sobre su autosuficiente complacencia en sus riquezas y bondad. Les hizo un llamamiento para que volvieran a vivir solo por gracia.

Jesús señaló, en Apocalipsis 3:15, que no eran calientes (*zestos*, literalmente caliente hirviendo) ni fríos (*psychros*, literalmente frío). Él estaba diciendo en efecto, "Sus vidas no son refrescantes en absoluto, de una manera u otra. Ustedes no so ni un gran expreso doble ni un batido isleño de fruta y hielo. Sois tibios. ¿Quién quiere sentarse con un buen amigo a tomar un café tibio?". Estaríamos de acuerdo con un té o café caliente a media mañana con un amigo británico para, como ellos dicen, un "Elevenses" (refiriéndose al tiempo del té o el café) o un té helado después del trabajo de jardinería, pero el té a temperatura ambiente no es refrescante después de un sudoroso día de trabajo de jardinería. Jesús estaba diciendo: "No eres refrescante". ¿Por qué?

Decían: "Hemos aumentado nuestra riqueza y ahora somos muy ricos". La ciudad era famosa por sus millonarios y muchos de sus miembros eran probablemente ricos empresarios de la banca, la agricultura, la medicina y el textil. Por supuesto, no hay nada malo en tener éxito en los negocios, aumentar los ingresos, generar riqueza y ser próspero. La mujer alabada en Proverbios 31 era una empresaria rentable y trabajadora ("Considera un campo y lo compra; con sus ganancias planta una viña. Se pone a trabajar con ahínco y ve que su comercio es rentable"), ahorrativa ("Hace ropa de lino y la vende; da de comer a su familia y raciones a sus trabajadoras") y generosa con lo que gana ("Abre sus brazos a los pobres y extiende sus manos a los necesitados").

Sin embargo, Jesús va al corazón de su problema. Decían que, debido a su riqueza, "de nada tenemos necesidad". La vida anterior, vista en la idolatría cultural de la ciudad, seguía dominando sobre sus nuevas vidas. Habían aceptado a Jesús, pero dependían de sus riquezas (su ídolo de superficie) para su estatus y su seguridad personal y familiar, junto con todas las comodidades que la riqueza podía proporcionarles (sus ídolos de origen).

Las enérgicas palabras de Jesús nos recuerdan lo que hace un Padre amoroso; es decir, les llamó de nuevo a la realidad: "No te das cuenta de cuán infeliz y miserable, pobre, ciego y desnudo eres tú"

(Apocalipsis 3:17). Si un amigo te dijera: "Tienes la cremallera bajada" o "Tienes una mancha en la parte de atrás de la camisa", ¿te lo tomarías como un juicio? Lo dudo mucho. Las palabras de Jesús a sus hijos e hijas pueden sonar condenatorias para nuestra sensibilidad, pero no lo son. Si razonáramos de lo menor a lo mayor, una mancha en una camisa o un corazón manchado, sería realmente muy amoroso señalar el corazón manchado. El amor no querría que un amigo, y mucho menos hijos e hijas, permanecieran en una condición lamentable, pobre y miserable.

Y continuó: "Yo reprendo y disciplino a todos los que amo". Los escritores de Proverbios y Hebreos se hicieron eco, así como un padre disciplina a sus hijos amados así el Señor disciplina a los que ama (Proverbios 3:12, Hebreos 12:5). Claramente, Jesús estaba hablando a Sus hijos, a quienes ama.

La gracia vital, a diferencia del núcleo de otras religiones, se centra en y sobre la misericordia-amor de Dios. Quitemos Su amor de la ecuación, que como vimos es exactamente lo que nuestro Enemigo ha hecho desde su malvado susurro en el primer jardín, y nos quedamos con un duro dictador tiránico o un padre cruel a quien sólo le preocupa nuestra incuestionable lealtad y fidelidad a las reglas dadas.

¿Qué ocurrió entonces? Jesús les invitó a una fe renovada, un recordatorio para que volvieran a Él: "Por eso te aconsejo que de mí compres oro refinado por el fuego, para que te hagas rico; ropas blancas para que te vistas y cubras tu vergonzosa desnudez; y colirio para que te lo pongas en los ojos y recobres la vista" (Apocalipsis 3:18). Ofreció una clara referencia a otra época en la que se invitaba

a hombres y mujeres a "venir y comprar, sin dinero y sin costo...
Venid a mí para que viva vuestra alma" (Isaías 55).

"Escúchame", dijo Jesús, "necesitas la riqueza real y duradera
que sólo yo puedo dar. Necesitas vivir en mi justicia para no ser
avergonzado y tener los ojos de tu ser interior iluminados para que
puedas ver lo que no se ve, porque caminamos por fe no por vista."

También los llamó a confesar su pecado y a arrepentirse: "Sé
fervoroso" (completamente decidido o literalmente, *burbujea porque
estás hirviendo de calor*) para convertirte de tu falsa creencia de que
no tienes necesidad de nada. "Es lamentable" o como dice el refrán:
"El emperador no tiene ropa".

Luego viene el famoso verso: "¡Aquí estoy! Estoy a la puerta y
llamo. Si alguien oye mi voz y abre la puerta, entraré y cenaré con él,
y él conmigo" (Apocalipsis 3:20).

Vivir por gracia abre la puerta a la comunión con Cristo. La
Biblia usa muchas palabras diferentes para esta realidad. Debemos
morar, permanecer, rendirnos, caminar, comer, participar, y otros
conceptos similares que son todos imágenes de palabras de este
principio de que si vamos a "cenar con Cristo", vamos a tener que
estar "en Él" por Su gracia, ya no dependiendo de nuestra antigua
forma de vida, y vamos a tener que seguir cenando con Él momento
a momento.

En Juan 14:21-23, Jesús hizo una impresionante invitación a sus
seguidores. Ningún otro dios de ninguna religión diría algo así:
"Todo el que me ame obedecerá mis enseñanzas. Mi Padre los
amará, y *vendremos a ellos y haremos morada con ellos*" (énfasis
añadido). Unos minutos después, Jesús continuó: "Permanezcan en

mí, y yo permaneceré en ustedes. Así como ninguna rama puede dar fruto por sí misma, sino que tiene que permanecer en la vid, así tampoco ustedes pueden dar fruto si no permanecen en mí" (Juan 15:4-5).

Jesús nos invita a ti y a mí a permitir que el Dios trascendente, personal y glorioso se comprometa totalmente en nuestras vidas, como un estilo de vida regular y normativo. No en sentido figurado, sino literalmente, a hacer de ti mismo un lugar donde Él vive. Ninguna otra religión ofrece algo así.

Mi conciencia más profunda de mí mismo es que soy profundamente amado por Jesucristo, y no he hecho nada para ganármelo o merecerlo. Se nos ha concedido acceso a la gracia a través de muchos canales diferentes. A medida que nos disciplinamos en ellos, vamos creciendo en gracia, porque son formas de seguir cenando con Cristo, de que Él, por así decirlo, entre y coma con nosotros. Aumentarán nuestra capacidad de oír hablar a Dios y, como resultado, de generar una fuerza interior que guiará y potenciará nuestra mente y nuestra vida exterior.

Pero, ¿cuál es la metáfora de la puerta? ¿A qué llama Jesús? ¿Es tu corazón? ¿Es la puerta de la iglesia? Lo que debe quedar claro es que Jesús no está suplicando a un no creyente que abra la puerta de su corazón y le deje entrar. Se dirige a una congregación de cristianos.

A menudo en la Biblia, la puerta se utiliza como figura retórica para referirse al juicio. La idea aparece por primera vez cuando Dios advirtió a Caín sobre su corazón asesino ("si no hicieres bien, el pecado está a la puerta" en Génesis 4:7, RVR 1960). Jesús utilizó las puertas y el portero para indicar Su regreso como Juez en Marcos 13:32-37.

Volvamos a la palabra de Jesús a los individuos de la iglesia de Laodicea. Aunque se ofrece la oportunidad de comer con Cristo, hay una alternativa implícita en "a la puerta": *el juicio.*

Jesús dijo que Él era la única puerta por la que podíamos entrar en Su reino. Jesús enseñó: "Yo soy la puerta; el que entre por esta puerta..." (Juan 10:9). Si entras por la puerta de Cristo, puedes entrar y salir, y encontrarás pasto (comer). Jesús añadió: "He venido para que tengan vida, y la tengan en abundancia". Todo esto conduce a la comunión con Cristo, cuando su pueblo conoce su voz y la sigue.

Así que aquí hay una puerta de división: unos están dentro y otros fuera del rebaño, pero Él es la puerta. Él es la "puerta de la esperanza" (Oseas 2:15, RVR 1960). Él no sólo juzga, sino que es el juzgado. El juicio y el juzgado. Nunca debemos extraer al Amante de Su juicio porque Él tomó todo el juicio necesario, dándonos todo lo que necesitamos.

Jesús no te está rogando o suplicando impotente que le abras la puerta. Si estás en Él, oirás Su voz y Él entrará y creará la amistad más profunda posible. La amistad más íntima de un padre con una hija o un hijo. Se trata de permanecer el uno en el otro: "Permaneced en mí y yo permaneceré en vosotros" (versículo 4). Otra traducción utiliza la palabra *permanecer.*

Tú y yo tenemos la posibilidad de estar conectados a Dios en todo momento y de que Él haga surgir todo lo maravilloso que hay en nosotros y a través de nosotros. Nuestra vocación es tener una pasividad activa. Permanecemos, pero Su vida pulsa en nosotros. Así es como hacemos crecer la gracia en nuestras vidas.

¿Cómo sabemos que cenamos con Cristo?

A menudo nos preguntamos cómo sabemos que estamos comiendo (o permaneciendo) en Cristo. La respuesta: cuando queremos que los demás, por puro deleite, conozcan el amor que nosotros conocemos; que experimenten la belleza y la maravilla de la gracia que nosotros hemos experimentado. Estamos cenando con Cristo cuando su amor por nosotros nos ha movido del orgullo a la humildad al reconocer su gracia verdaderamente asombrosa y vital actuando en nuestras vidas.

Tendemos la mano a los pobres, porque nosotros fuimos pobres. Tendemos la mano al prójimo, porque Jesús vino y se hizo nuestro prójimo. Perdonamos, porque conocemos el perdón. Somos generosos con nuestra riqueza mundana como respuesta a Su generosidad.

Si vives con un temor persistente sobre el poder y la justicia de Dios y no en el gozo de Su bondad, probablemente no estás creciendo en la gracia.

Si temes a Dios como Juez que busca causa para encarcelarte y no lo ves como tu Amigo y Padre, probablemente no estás creciendo en la gracia.

Cuando tu sentido de esperanza en el Evangelio está ligado a lo bien que te va con los deberes cristianos, no estás creciendo en la gracia.

Si crees que la promesa de Dios de la vida eterna se basa en Jesús *junto con* algo que tú provees, no estás creciendo en la gracia de Dios.

Como ya he dicho, fui cristiano durante más de una década antes de conocer otra forma de salvación que no fuera pedir perdón y esforzarme con todas mis fuerzas por llevar una vida buena y obediente, tal como me decían mis maestros y predicadores, para mantener mi amistad con Dios. Yo era un buen chico, pero un fariseo bien educado (por fuera), orgulloso y criticón. Había "invitado a Jesús a entrar en mi corazón", pero también había aceptado la responsabilidad de comprometer mi voluntad y mi esfuerzo para refrenar mis deseos de una vida ensimismada. No dependía de mi riqueza personal, no tenía ninguna. Sin embargo, confiaba en mi cuenta bancaria espiritual a través de mi comportamiento moral. No podía creer que Él se encariñara conmigo y quisiera pasar el rato y comer conmigo, y mucho menos organizar una fiesta para mí (véase Lucas 15:23-24).

Cuando nuestra libertad está ligada a lo bien que cumplimos con nuestros deberes cristianos, sólo nos sentiremos libres en la medida en que hagamos lo que creemos que es nuestro deber o nos despojemos de todo sentido del deber. Yo viví mucho tiempo en el lado del deber de esa ecuación.

Todo esto es importante recordarlo cuando empezamos a preguntarnos seriamente: "¿La gracia, de alguna manera continua, sigue fortaleciéndonos día a día?". ¿Existen reglas para vivir? ¿Es, como dijo un pastor, "Ama a Dios y vive santamente" o se reduce a

"Ama a Dios y haz lo que quieras"? Si hay alguna forma de fortalecer la gracia en la vida, ¿cuál es?

¿Hay alguna forma de fortalecer la gracia en nuestras vidas?

En algunas tradiciones eclesiásticas, la forma en que somos fortalecidos es a través de lo que llamamos los "medios de gracia". Sin embargo, siempre ha parecido que se trataba más de los "medios" que de la gracia. ¿Son los "medios" por los que la gracia se fortalece en una vida lo mismo que vivir según una nueva serie de normas? La enseñanza de la Iglesia sobre la vida cristiana por gracia puede ser confusa, lo sé, y yo he "dominado lo divino" (obtuve un máster en divinidad y también un doctorado). Si es confuso para mí, sólo puedo imaginar lo que es para las personas sentadas en la iglesia un par de domingos al mes que reciben mensajes contradictorios. "Dios ha hecho su parte, ahora tú haces la tuya", parece ser al menos lo que se da a entender.

Nuestro tema recurrente ha sido que la gracia vital consiste en que Dios te lo da todo a cambio de nada. La verdadera historia comenzó con la Buena Nueva de que fuimos hechos a imagen del Rey de la creación para ser sus administradores sobre todo lo que Él hizo y para encontrar alegría y vida en Él. Pero como también hemos visto, necesitamos la gracia porque nuestras vidas terrenales fueron y siguen siendo arruinadas por nuestras elecciones orientadas hacia nosotros mismos. Nos "vendimos" a una esclavitud de nuestros deseos desordenados e incontrolados (ver Juan 8:34; Romanos 7:14). Estamos bajo una maldición de muerte y no importa cuanto tratemos de evitarla, trabajar alrededor de ella, o perseguir a otros héroes para que nos rescaten, permanecemos indefensos y espiritualmente muertos. Ésa es la mala noticia.

Sin embargo, tenemos muy buenas noticias. Jesucristo nos rescató pagando el precio para comprarnos, eliminar la maldición y liberarnos de nuestra esclavitud. Cuando dejamos de creer que podemos rescatarnos a nosotros mismos-es decir, dejamos de confiar en nuestros esfuerzos o no-esfuerzos (arrepentimiento)-y empezamos a confiar (fe) en Su vida, muerte y resurrección como nuestras por la sola gracia gratuita, entonces somos trasladados a una conexión eterna con Cristo, hechos completos en Él, muertos al viejo yo, vivos para Dios, y se nos da Su Espíritu con un nuevo deseo implantado de amar y seguir a "Aquel que me amó y se entregó a sí mismo por mí" (obediencia generosa). Si esta realidad no está presente en la vida de una persona, probablemente significa que la nueva vida no fue implantada, no importa si él o ella dice que "invitó a Jesús a su corazón."

A lo largo de la historia, Dios ha transformado milagrosamente la vida de millones de personas. Esos hombres y mujeres nos mostraron los caminos a seguir una vez transformados por la gracia. Del mismo modo que el escritor de Hebreos animó a sus lectores a que "conviene que el corazón sea fortalecido por la gracia" (13:9), y Pablo exhortó a Timoteo a "fortalécete por la gracia que tenemos en Cristo Jesús" (2 Timoteo 2:1), quiero animarte a que seas fortalecido por la gracia en tu camino, aumentando la verdad y la realidad de la influencia vital de la gracia en la profundización de tu amor por Cristo. El camino de la verdadera espiritualidad es el camino que nuestros primeros padres estaban destinados a recorrer y que, como hemos visto, eligieron abandonar. El camino de vuelta es sólo por la gracia de Dios. Y Dios ha implantado graciosamente en nosotros Su Espíritu para presionar la gracia en los sistemas operativos de nuestros corazones, para que sigamos viviendo sanos en Su gracia.

Por supuesto, algunas personas han convertido las formas en que Él trabaja en nuevas reglas o leyes a seguir. Pero no cometamos un error contrario y acabemos rechazando la invitación de Cristo a cenar con Él (recuerda que lo tenemos todo) sólo para no convertirnos en moralistas o cumplidores de reglas. Sin usar los caminos que Dios nos ha concedido, nos ponemos en la categoría de alto riesgo. Nuestro sistema inmunológico espiritual contra los enemigos de la gracia (es decir, el Maligno, el consenso presionado del mundo, los falsos maestros en nuestras iglesias, y nuestra propia tentación restante de confiar en nosotros mismos) se verá comprometida al igual que lo fue para los cristianos de Laodicea.

He señalado al principio que olvidamos con demasiada facilidad la gracia de Dios y se nos escapa. Debemos recordarnos continuamente a nosotros mismos y a los demás lo que es la Verdad verdadera. Como he dicho a varias docenas de novios el día de su boda: "El amor tiene que alimentarse y cuidarse. No hay garantías de que el amor que sientes hoy siga ahí dentro de tres, cinco o diez años."

El amor que tienes de Dios y el amor que tenías por Dios cuando comenzaste la nueva vida no permanecerá vivo en tu corazón y en tu mente de forma automática o natural. Debes alimentarlo para que crezca. Amar a Dios no es algo natural, amarse a uno mismo sí. El amor por Cristo es sobrenatural y una de las formas en que permanece es recordando Su amor.

Exploremos los caminos ordinarios que Dios nos ha dado y que nos proporcionan la alegría de ser fortalecidos sólo por Su gracia. Estas maneras están presentes en una vida cristiana normal (no hay nada mágico en ellas, pero son sobrenaturales por el Espíritu Santo) a medida que interactuamos y nos conectamos con Dios al nivel más profundo (metáfora de "cenar con él") y "prueben y vean que el SEÑOR es bueno" (Salmo 34:8).

Cenamos con Él a través de la Biblia

Es razonable creer que si existe un Dios infinitamente amoroso, Él desearía comunicarse a los que Él hizo, aunque hubieran cometido rebelión. Y también es una suposición razonable que siendo un Creador personal, Él usaría tanto palabras como acciones en las propias vidas o en el momento de la historia en que vivieron para comunicarse con ellos. Y es completamente razonable que Él hiciera que Sus criaturas usaran el lenguaje para registrar Su comunicación ya que Él querría continuar Su comunicación a través del tiempo.

Una de las características únicas de la humanidad es nuestra capacidad de leer y escribir. No tendría que escribir cosas que sólo un ser sobrenatural sabría, sólo tendría que revelarse de formas que fueran humanas para que pudiéramos conocerle.

Lo hizo y se llama Biblia. No es el propósito de este libro demostrar que la Biblia es la revelación directa de Dios, pero muchos recursos y expertos pueden ayudarle con eso. La Biblia es donde aprendemos de la necesidad de la gracia, y somos estimulados a crecer en esa gracia cuando leemos la Biblia. Leer la Biblia es esencial para vivir en gracia vital.

Ann Voskamp capta de forma espectacular el poder de la lectura de la Biblia en *Mil regalos:*

> Abro una Biblia, y Sus planes, sorprendentes, yacen allí a cara descubierta. Me cuesta creerlo, cuando lo leo, y tengo que volver a él muchas veces. . . [para] asegurarme de que [las palabras] son reales. Su carta de amor acalla para siempre cualquier duda: "Su propósito secreto desde el principio [es] llevarnos a nuestra plena gloria" (1 Corintios 2:7 NEB). Quiere darnos un nuevo nombre, devolvernos nuestro verdadero nombre, nuestro verdadero yo. . . . Desde el principio, ese principio edénico, que siempre ha sido y siempre es, hasta el día de hoy, Su propósito secreto: que volvamos a *nuestra plena gloria.*[1]

Los Salmos están llenos de recordatorios de cuán poderosa es la revelación de Dios a nosotros, a través de Su Palabra, que aclara, limpia y corrige nuestros caminos para nuestro mayor bien. Eugene Peterson escribe en *El Mensaje,* su interpretación del Salmo 119:1-5, 9-12:

> Eres bendecido cuando mantienes el rumbo, caminando firmemente por el camino revelado por DIOS. Eres bendecido cuando sigues Sus instrucciones, haciendo lo mejor que puedes

para encontrarlo. Así es: no vas por tu cuenta; caminas recto por el camino que Él estableció. Tú, DIOS, prescribiste la manera correcta de vivir… ¿Cómo puede una persona vivir una vida limpia? Leyendo atentamente el mapa de tu Palabra. Estoy decidido a seguirte; no dejes que me pierda las señales de tráfico que has colocado. He guardado tus promesas en la caja fuerte de mi corazón, para no pecar en la bancarrota. Bendito seas, DIOS; instrúyeme en tus sabios caminos.

Si quieres conocer el amor y la presencia de Dios y que la gracia se apodere de ti, debes leer la Biblia como la asombrosa historia de rescate de la gracia de Dios a los que se han arruinado. Como escribió Albert Wolters:

> Perderse la gran narrativa de la Escritura es un asunto serio; no se trata simplemente de malinterpretar partes de la Escritura. No se trata simplemente de malinterpretar partes de la Escritura, sino de ignorar cuál es la historia que da forma a nuestras vidas. Cuando la Biblia se divide en pequeños trozos y pedazos -trozos y pedazos teológicos, devocionales, espirituales, morales o de visión del mundo- entonces estos trozos pueden encajar perfectamente en la historia reinante de nuestra propia cultura con todos sus ídolos. La Biblia pierde su fuerza y su poder formativo al ser absorbida por una historia secular más abarcadora.[2]

Tener una Biblia impresa que puedas leer, subrayar, tomar notas, estudiar y memorizar es muy ventajoso para que el poder del evangelio de la gracia penetre profundamente en tu vida interior. Un método que algunos han encontrado útil es leer y hacer observaciones sobre lo que el pasaje enseña o revela sobre Dios o Cristo (¿Quién es Dios? ¿Qué ha hecho Cristo por mí?). A continuación, pregúntate qué dice sobre ti (¿Quién soy yo? ¿Cuál es la mejor manera de vivir en gracia como hija o hijo?)

Casi todo el mundo lleva consigo la posibilidad de tener una
Biblia para leer o que le lean porque casi todo el mundo tiene un
teléfono inteligente. Te animo a que te descargues las aplicaciones
YouVersion o *The Public Reading of Scripture* y te comprometas con
la Biblia como un ritmo de vida regular.

Cuando leemos la Biblia, estamos escuchando su voz y Él está
"cenando" con nosotros, por así decirlo. La gracia vital de Dios es
Cristo. La gracia no es una mercancía o algo que nos aplicamos,
como la crema para la piel o la "crema para el pecado". La gracia es
Cristo siendo todo lo que necesitamos para nosotros, ¡y Su historia es
una historia de amor que convierte Su gracia en amor! Leer la Biblia
es una forma de hacer que la gracia llegue a nuestras vidas, cenando
con Él en Su Palabra.

Cenamos con Él a través de la oración

No todos los creyentes en el cristianismo han tenido el privilegio
de leer la Biblia. Incluso hoy en día, en muchos países, poseer una
Biblia es ilegal. Cuando se estaba escribiendo a lo largo de los seis
mil años de historia, la persona media no sabía leer ni escribir, ni
tenía nada que leer. Sin embargo, hay una expresión profunda que
todo seguidor de Cristo sí tiene para enriquecer la gracia en la vida, y
es el acceso inmediato a Dios en la oración. En Cristo, tenemos
acceso instantáneo a Dios: "Así que acerquémonos confiadamente al
trono de la gracia para recibir misericordia y hallar la gracia que nos
ayude en el momento que más la necesitemos" (Hebreos 4:16). La
oración es una invitación a la amistad con Dios, no es simplemente

una actividad religiosa que debemos hacer. Cuando oramos a Dios, *¡encontramos gracia para que nos ayude!*

Entiendo que la mayoría de nosotros nos avergonzamos de nuestra vida de oración, o debería decir de nuestra falta de vida de oración. Muchas personas a las que he asesorado o entrenado a lo largo del camino han compartido libremente la falta de consistencia en la oración a Dios de una manera significativa. "Rezo en mi coche de camino al trabajo" o "Rezo en la ducha" son dos de los lugares comunes de oración que escucho con más frecuencia. Pero esto es ver la oración a través de una lente o actividad religiosa y no una que ha sido empujada hacia abajo en el alma debido a la gracia vital. No me malinterpreten, me alegro de que la gente rece en sus coches. Creo que siete de cada diez estadounidenses dicen que rezan cada semana.[3] No sabemos lo que la gente entiende realmente por orar, pero esa estadística se ha mantenido bastante estable durante décadas.

Cuando vemos la oración como una amistad relacionada con la realidad de que Dios nos ha dado todo lo que necesitamos como un don gratuito, se convertirá principalmente en una conversación de gratitud, adoración, confesión y disfrute con un Padre amoroso y bondadoso. Cuando no es así, la oración se convierte sobre todo en una lista de la compra de más cosas para que Dios haga o clama por alivio de algún problema o malestar. Una oración así es una relación transaccional con Cristo y no con una persona con la que estamos cenando.

El don espiritual de la oración se concede a algunas personas, y mi esposa es una de ellas. Reza sobre cosas que yo nunca me planteo.

Habla con Dios, y Dios enriquece su fe y le dispensa una gracia que la mantiene amando, sirviendo y cuidando de los demás, incluido un adulto dependiente con necesidades especiales. Una cosa que he aprendido viéndola orar cada mañana durante más de cuarenta y tres años es que la gracia vital de Dios no sólo *tiene* poder para su vida, sino que también *es* poder, y sale a su encuentro en la oración.

Los discípulos de Jesús habían aprendido las oraciones de memoria de sus padres. Todos los niños judíos lo hacían. No hay nada malo en ello. De hecho, utilizar las oraciones de los antiguos es una buena manera de aprender a orar. Los discípulos veían a menudo orar a Jesús y un día le dijeron: "Señor, enséñanos a orar". Así que Él les dio un modelo o esquema para que siguieran el Padre Nuestro (ver Lucas 11:1-13). Mientras crecíamos, recitábamos el Padre Nuestro en nuestro culto semanal. El modelo nos enseñaba el cómo. Mi gran amigo John Smed escribió: "[Jesús] nos ha dado un esquema sencillo pero completo para la oración que está lleno de promesas y propósitos. Esta oración es un resumen de lo que es el Reino de Dios... Como es una oración que Jesús dio, no puede dejar de ser escuchada y respondida".[4]

Una vez que Jesús les dio el "cómo" orar, les contó una historia para mostrarles el "por qué" de la oración. Utilizó la historia de Matt, que fue a casa de su amigo Nate en mitad de la noche y le preguntó si podía darle un poco de pan a un invitado que acababa de llegar. Matt le dijo que se fuera tranquilamente. Pero Nate siguió llamando, y Matt finalmente se levantó y le dio un poco de pan. (Vale, Jesús no usó nombres).

Debemos entender que esta parábola no es una historia de comparación en la que Jesús está sugiriendo: "Si rezas lo suficiente y eres lo suficientemente persistente como Matt lo fue con Nate, cansarás a Dios y Él finalmente se levantará y satisfará tu necesidad". En cambio, Jesús lo estaba usando como un contraste. Jesús concluyó su historia para mostrarnos por qué podemos acercarnos al trono de la gracia con confianza:

> Así que yo les digo: Pidan, y se les dará; busquen y encontrarán; llamen, y se les abrirá una puerta… Pues, si ustedes, aun siendo malos, saben dar cosas buenas a sus hijos, ¡cuánto más el Padre celestial dará el Espíritu Santo a quienes se lo pidan! (Lucas 11:9, 13)

Nos mostró que tenemos un verdadero Amigo, que está más que dispuesto a hacer mucho más de lo que podemos pedir o imaginar. A Él se puede acudir y nunca se le molesta. Él está con nosotros y quiere responder a nuestras necesidades, proporcionarnos el pan de cada día. Su Reino ha llegado y llegará. Él nos dará el Espíritu Santo y el poder para creer que la gracia vital es verdad-que Él realmente nos ha dado todo mientras "moramos, comemos, cenamos, permanecemos" en conversaciones de oración con Él. Dios se encuentra con nosotros en la intersección de nuestra vida de oración porque nos conecta con Él, con Su reino y con Su misión, y conocerle y unirnos a Él en Su misión es la vida más grande que cualquiera de nosotros puede alcanzar.

La oración es a la vez el tomar y dar en nuestra amistad con Dios y un medio importante para fortalecernos por la gracia. Es la gran obra de Dios. No tenemos que tener una educación, ser un pastor, o ser una persona religiosa de nivel maestro para conectar con Dios en la oración.

En realidad, nuestra falta de oración no se debe a que no sepamos orar, sino que es el resultado directo de nuestro deseo fundamental de confiar sobre todo en nuestra propia capacidad, riqueza y sabiduría. Debemos aumentar nuestro afecto por Cristo hablando con Dios con intencionalidad y regularidad. La oración del Reino es una vida de oración que compromete y activa la fe, el arrepentimiento y nuestro deseo de seguir arduamente a Dios. La oración del Reino agranda nuestros ojos y nuestra fe. Es una manera de "fijar nuestros ojos" en Jesús, como Originador (el autor o el que toma la iniciativa) y Consumador (el que completa) de la gracia en nuestras vidas. (Te invito a ponerte en contacto con la gente de Prayer Current-www.prayercurrent.com-or *A Praying* Life-www.seejesus.net/training/welcome-praying-life-and utilizar los materiales para aumentar tu capacidad de oración centrada en el Reino, tanto personalmente como con otros en tu comunidad eclesial).

Cenamos con Él a través de la Iglesia

La iglesia ha sido una actividad cultural en muchas partes de Estados Unidos durante mucho tiempo. Sin embargo, ir a la iglesia en nuestra cultura occidental está perdiendo su atractivo. La mayoría de los gurús eclesiásticos tienen datos que demuestran que la asistencia a la iglesia está disminuyendo. Lo entiendo. A veces puede ser difícil asistir a la iglesia.

Está llegando un momento, quizá ya nos ha encontrado, en que formar parte de una iglesia será contracultural, como lo fue en los primeros días de los Hechos. Sin embargo, cuando los primeros cristianos del siglo I empezaron a identificar sus vidas con Cristo, también identificaron sus vidas unos con otros. Surgieron nuevas iglesias por todo el mundo conocido y, debido a la falta de grandes espacios y a la persecución, se reunían principalmente en los hogares. El historiador Lucas describió lo que hacían al conectar sus vidas en sus nuevas identidades: se "dedicaban" al culto, a la cena del Señor, a la enseñanza, a amarse unos a otros, a ofrecer misericordia, a las reuniones de oración, a vivir con generosidad y a hacer discípulos (véase Hechos 2:42-47).

A medida que se fundaban nuevas iglesias en ciudades y comunidades, se identificaban entre sí tan profundamente que Pablo les ordenó que si alguien de su iglesia que afirmaba ser cristiano vivía como un pagano no cristiano, debía ser "expulsado de entre ustedes" (1 Corintios 5:2). Como comunidad contracultural, tenían una identidad con Cristo y entre sí. Se estaban apartando de los ídolos culturales, de la ciudad y de la familia, y pronto descubrieron que formar parte de una comunidad eclesial era una forma de conseguir que la gracia les empujara a su nueva forma de vida. Hay muchos factores importantes de estar en una iglesia para ampliar nuestra capacidad de gracia:

Nos reunimos para adorar a Dios. Nuestros primeros padres fueron hechos para adorar a Dios en su "comunidad". Su ruina, al dejarse cautivar por algo que no era su Hacedor, destruyó no sólo su capacidad de relación, sino su comunidad con Dios. Como vimos en la historia de fondo, esa decisión no sólo les afectó a ellos, sino también a sus hijos inmediatos, hasta llegar a los falsos adoradores que construyeron su centro de culto en Babel (véase Génesis 11).

Adorar a Dios con otros seguidores de Cristo forma parte de nuestro diseño original. El líder de la adoración, Asaf, confesó su lucha por creer que Dios es bueno y amoroso cuando veía cómo las personas moralmente corruptas a su alrededor parecían tener vidas tan prósperas y fáciles. Admitió de buena gana que estuvo a punto de escabullirse, pensando que era un error seguir siendo fiel a Dios hasta que "entró en el santuario de Dios", entonces recordó: "¿A quién tengo en la vida sino a Dios?" (Salmo 73). Adorar a Dios con otros que amaban y adoraban a Dios refrescó la gracia en la vida.

Sí, la adoración debe ser una forma de vida, pero la gracia se agranda de alguna manera misteriosa en nuestro interior cuando cantamos, oramos, confesamos y recordamos nuestra vida con Dios con otros que están cantando, orando y confesando. Si no nos cautiva la belleza de Dios (Su santidad) ni nos ofende nuestra propia fealdad, nos enamoraremos de nuestra propia belleza (nuestra bondad, buenas obras, sinceridad, buenas intenciones) y nos ofenderá la presunta "fealdad" de Dios (el gobierno, la realeza, la autoridad para juzgar). Entrar en el santuario para adorar a Dios reorienta nuestros corazones hacia lo que es mejor.

Nos reunimos para escuchar la enseñanza precisa del Evangelio. Crecemos en gracia al escuchar la predicación y enseñanza que exalta a Cristo y está centrada en la gracia. Nuestras almas necesitan escuchar la Palabra de Dios explicada con precisión por aquellos que la han estudiado y preparado. Pero no cualquier enseñanza; debe ser la enseñanza de la gracia inmerecida de Dios. Hay un montón de predicadores moralistas que ofrecen charlas de ánimo o pronunciamientos para que nos mantengamos santos, y probablemente más que ofrecen mensajes cautivadores e inspiradores, convirtiéndonos en los héroes de nuestras historias, mientras nos animan con palabras como *creer* y *fe*. Al final, ambos debilitan la vitalidad de la gracia en nuestras vidas. Lo que nos fortalecerá es que nos enseñen y nos vuelvan a enseñar la gracia de Dios por medio de Cristo, que lo ha hecho todo.

Nos reunimos para vivir una auténtica comunidad. El autor de Hebreos nos advierte que no dejemos de reunirnos (véase 10:25). Es un mundo hostil, y necesitamos a otros creyentes porque necesitamos aliento en la fe. Estamos sometidos todo el día a mensajes contradictorios sobre la vida, el sentido y las fuentes de realización. Luchamos constantemente con las dudas sobre el amor de Dios y los impulsos de nuestra vida anterior. Cuando oigo a alguien contar su propia experiencia de el Camino de Emaús sobre cómo sus dudas o su lucha fueron resueltas por un Jesús vivo, me siento motivado a permanecer y cenar con Él.

El enemigo de Dios y del pueblo de Dios está constantemente a la caza, para tentarnos a no creer y "volver a Egipto", la vida anterior que teníamos. Estar con otros seguidores aumenta la gracia y la fe. Ser amigos de otros cristianos es para que continuemos conociendo y viviendo en nuestra amistad con Dios.

Un pastor amigo y yo estábamos sentados junto a una hoguera nocturna en su patio trasero. Yo había sido su invitado en un retiro de liderazgo y estábamos desconectando del fin de semana. En aquel momento, él dirigía una iglesia sólida y comprometida con la misión que estaba haciendo cosas importantes en su ciudad. Empezamos a hablar seriamente de amigos pastores que se habían arruinado, que habían abandonado el ministerio, su llamada y, a veces, su familia. La mayoría habían sido pastores fieles y piadosos, cuidando de una iglesia y de muchos durante mucho tiempo. Entonces zas. Se hundieron. Renunciaron. Fueron despedidos. Tiraron sus vidas a la trituradora.

Mi amigo y yo confesamos nuestra propia independencia. Somos básicamente solitarios. El ministerio puede tener ese efecto en las personas (¿o es que los solitarios se sienten atraídos por el ministerio?). Nos arrepentimos ante Dios y ante los demás. Fue una auténtica comunidad. Nos animamos unos a otros con verdades evangélicas sobre quién es Dios y quiénes somos nosotros como hombres, y contamos historias de lo que Dios había hecho y estaba haciendo. Eso es la comunidad cristiana para las vidas orientadas a la gracia.

Nos reunimos para celebrar la cena del Señor y el bautismo. También debemos darnos cuenta de que parte de la vida de la Iglesia implica el bautismo y celebrar juntos la Cena del Señor o Comunión. Proclamamos la vida y muerte de Cristo en nuestro favor cuando comulgamos, y somos recordados de nuevo en Él. ¿Hay alguna forma más tangible que nos describa comiendo, permaneciendo en Jesús, que actuando el comer y beber de Su muerte y resurrección en la Comunión?

Y el bautismo en agua significa y nos recuerda que todo es por gracia, no por nuestro esfuerzo y obras, además de sellarnos en Él (Romanos 6:3-4). Como dijo Agustín, son "signos visibles de la gracia invisible".[5] En otras palabras, apuntan a lo real: Jesucristo.

Cenamos con Él a través de la música

Resulta que creo que los hombres y mujeres mayores que nos decían que los medios de gracia eran sólo la Palabra, los sacramentos, la oración y la iglesia habrían incluido la música si hubieran tenido acceso a iTunes o a la música en *streaming* por aquel entonces. Creo que iTunes es el mayor invento conocido por el hombre desde la imprenta. Cada mañana, cuando me despierto, tengo una canción sonando en mi cabeza. Cada día es diferente. A veces es un tema de Steven Curtis Chapman, a veces un himno o una vieja canción de los 70. Pero hay una canción. Me paso el día escuchando canciones. La música es una ventana a mi alma, así que la lleno mucho con letras que me recuerdan la verdad sobre el evangelio, la gracia y el amor de Jesús.

¿Por qué? Porque hay un susurro en el universo que fue puesto allí en el jardín que Dios no es para ti, haz que la vida funcione por ti mismo. Martín Lutero dijo: "Dudar de la buena voluntad de Dios es una sospecha innata de Dios en todos nosotros". [6]

Para mí, uno de los medios para recordar que Dios no me ha abandonado es la música. La música de adoración es una forma en la que la gracia de Dios llega a mi vida operativa. No escucho melodías cristianas o música de adoración porque sea un buen cristiano, sino porque soy un cristiano débil y la adoración a Dios en la música recuerda y renueva la gracia en mi corazón. Por el bien de tu alma, escucha y adora a Dios en canciones. Conéctate, sal a caminar y escucha algunas buenas melodías.

Cenamos con Dios practicando regularmente la generosidad

Una realidad espiritual es que donde almacenas tu riqueza es donde se va a concentrar el centro de tu vida. Otra manera de despertar y avivar la gracia es regalando porciones de tu riqueza para que tu corazón no se fije en la riqueza material. Jesús mismo advirtió que no podemos amar tanto a Dios como al dinero porque nadie puede servir (vivir para) dos amos. Solo puedes amar a uno o al otro (Mateo 6:24.) Cuando lo das al Señor, tu corazón se conecta en una morada más profunda con El. "Procuren también sobresalir en esta gracia de dar", escribió Pablo a los cristianos de Corinto (2 Corintios 8:7) porque quería poner a prueba la sinceridad de su amor.

Cuando algunos de los primeros cristianos ricos de Jerusalén se sintieron cautivados por la gracia de Cristo para con ellos a través de Su muerte y resurrección, pasaron de la regla del 10 por ciento del diezmo a ser generosos, vendiendo bienes personales y familiares para poder dar al Señor por encima de su diezmo y que éste se distribuyera a los demás. Lucas nos dice en Hechos 2:45, "vendían sus propiedades y posesiones [literalmente convirtiendo su riqueza adquirida de propiedades, tierras, o porciones de sus bienes] y compartían sus bienes entre sí según la necesidad de cada uno".

Sabían que eran responsables ante Dios de su generación y, para ello, debían ser generosos con su riqueza material.

La práctica de la generosidad profundiza nuestra fe. ¿Por qué? Bueno, la generosidad es una cualidad de una vida radicalmente influenciada por la gracia de Cristo al darnos. Creemos a Jesús cuando dijo: "Hay más dicha en dar que en recibir" (Hechos 20:35), porque Él nos lo dio todo. Jesús gastó su mayor riqueza, el tesoro más verdadero del universo, Él mismo, por nosotros. Dios fue totalmente generoso al enviar a Su Hijo, que voluntariamente se hizo pobre, hasta el punto de morir, para que nosotros pudiéramos hacernos ricos, amando a Dios como necesitamos, cubriendo la vergüenza que llevamos en la vida, y pagando la deuda que teníamos con el Padre.

Una cosa que sí entiendo sobre las empresas del reino de Dios es que, como mínimo, nuestra generación es responsable de llegar a nuestra generación y cuidar de ella con la Buena Nueva de Jesucristo, su vida salvadora llena de gracia y sus actos de misericordia y justicia. Sí, tenemos la responsabilidad de dejar alguna herencia a nuestros hijos y nietos; conozco la Biblia. Pero vivimos aquí y ahora y estamos llamados a este tiempo, lugar y pueblo. Por tanto, la generosidad debe formar parte de nuestro estilo de vida.

Uno de los objetivos del cristiano debería ser atesorar lo que Dios atesora. ¿Qué es lo que Él atesora? Sin duda, la respuesta corta es que Él atesora Su propia gloria en todas las cosas. Como se nos ha recordado varias veces, somos las únicas criaturas en el universo que son la imago Dei (la imagen de Dios), y Él es glorificado en nosotros.

Un día le preguntaron a Jesús: "¿Es correcto pagar impuestos?". Cogió una moneda y contestó: "¿De quién es la imagen de la moneda?". La imagen del César era la respuesta obvia. Entonces dijo: "Dad al César lo que es del César, pero dad a Dios lo que es de Dios". La moneda tenía la imagen de un pagano, así que Jesús les instruyó a dar dinero, impuestos y cosas terrenales a sus gobernantes terrenales. Sin embargo, nosotros somos la imagen de Dios. Somos una muestra de Su gloria. Debemos dar a Dios, nosotros. Todos nosotros.

No, no tenemos un trato con un Dios que sólo pide el 10 por ciento y podemos hacer lo que queramos con el 90 por ciento. Como vimos anteriormente, esa pudo haber sido la actitud de la gente de la iglesia en Laodicea. Pero nosotros somos 100 por ciento Suyos y debemos usar nuestro dinero para atesorar a otros portadores de imagen. Eso es el amor.

¿Qué nos motiva a ser generosos? Cristo dejó la comunidad cerrada más prestigiosa y rica del universo y se hizo pobre por ti y por mí, para que nosotros pudiéramos hacernos ricos. Realmente nos lo dio todo: "Porque ya conocéis la gracia de nuestro Señor Jesucristo: siendo rico, se hizo pobre por vosotros, para que vosotros os enriquecierais con su pobreza" (2 Corintios 8:9). Nos valoró a ti y a mí y lo dio todo, es decir, a sí mismo.

Cuando esa verdad se apodera de ti, o en la medida en que lo hace, no podrás aparcar tu dinero durante años y años dando pedacitos de los intereses ganados. Cuando la gracia está operando en la vida, serás diligente para distribuir generosamente tu dinero para las cosas que Dios atesora.

Cenamos con Dios a través del sufrimiento

Es posible que durante un momento difícil algún amigo bienintencionado te haya dicho: "Dios nunca te da más de lo que puedes soportar". Estoy seguro de que intentaban aliviar el dolor. Sin embargo, no es cierto. Dios rutinariamente nos da más de lo que podemos manejar.

A los miembros de la iglesia de Corinto, Pablo les confesó: "No queremos que desconozcan las aflicciones que sufrimos en . . . Asia. Estábamos tan agobiados bajo tanta presión que hasta perdimos la esperanza de salir con vida: nos sentíamos como sentenciados a muerte" (2 Corintios 1:8-9). Pablo desesperaba hasta de la vida, como una sentencia de muerte en su corazón. Eso es mucho sufrimiento.

El dolor y el sufrimiento, aunque universales e inevitables, son una de las poderosas herramientas de Dios para enseñarnos que Su gracia realmente se perfecciona en nuestra debilidad. El sufrimiento y la debilidad destruyen la tonta y triste ilusión de que tenemos el control en esta vida, pero también aumentan nuestra fe en que el amor de Dios es muy real y está muy presente en nuestra debilidad. Pablo concluyó su reflexión sobre su sufrimiento a la congregación: "[Todo ese sufrimiento y dolor] sucedió para que no confiáramos en nosotros mismos, sino de Dios, que resucita a los muertos." La gracia fue dada. Jesús no sólo sintió la sentencia de muerte, sino que realmente murió, y Dios lo resucitó de entre los muertos. Nuestra fe está en Cristo, y para crecer en la gracia, necesitamos la risa y necesitamos el lamento del dolor, a veces físico, a veces del alma.

Obviamente, el sufrimiento no es algo que elegimos hacer, sino algo que experimentamos. El sufrimiento es una forma de recibir la gracia en la vida. Y cuando recibimos más de lo que podemos soportar, "nos alegramos en nuestros sufrimientos, porque sabemos que el sufrimiento produce perseverancia, la perseverancia, carácter y el carácter, esperanza. Y la esperanza no nos defrauda, porque *Dios ha derramado su amor* en nuestros corazones por el Espíritu Santo, que nos ha dado" (Romanos 5:3-5, énfasis añadido).

J. I. Packer aconsejó sabiamente: "Dios utiliza el dolor crónico y la debilidad, junto con otras aflicciones, como su cincel para esculpir nuestras vidas. La debilidad sentida profundiza la dependencia de Cristo para fortalecernos cada día. Cuanto más débiles nos sentimos, más nos apoyamos. Y cuanto más nos esforzamos, más fuertes nos hacemos espiritualmente, aunque nuestro cuerpo se consuma. Vivir con tu "espina" sin quejarte -es decir, dulce, paciente y libre de corazón para amar y ayudar a los demás, aunque cada día te sientas débil- es verdadera santificación. Es la verdadera curación del espíritu. Es una victoria suprema de la gracia".[7]

A pesar de todos los esfuerzos que hice durante la primera parte de mi educación cristiana para encontrar el camino que me llevara a un viaje sin luchas, lo que descubrí es que no hay un pony de un solo truco para llegar al lugar donde ya no necesitamos la gracia. Necesitamos ser agraciados de nuevo, y de nuevo, y de nuevo, y de nuevo cada día. Y las formas que Dios ha elegido para que recibamos la gracia continua son a través de estos diversos caminos. No hay un único método. Todos ellos son importantes para profundizar nuestra morada, cena o comunión con nuestro Salvador, Jesucristo.

A medida que te deleites más y más en Su presencia disfrutarás más y más del deleite que Él tiene para ti. Oirás Sus cantos de alegría y amor por ti. "En esto conocemos lo que es el amor: en que Jesucristo entregó su vida por nosotros... Así manifestó Dios su amor entre nosotros: en que envió a su Hijo unigénito al mundo para que vivamos por medio de él... Y nosotros hemos llegado a saber y creer que Dios nos ama" (1 Juan 3:16; 4:9,16).

Por eso, conocer la gracia y confiar en ella es vital para que disfrutemos de una vida plena y libre. Todo lo que necesitamos para disfrutar de la vida con Dios y con los demás nos ha sido proporcionado por gracia en la persona de Jesucristo.

Capítulo 8
De influido a influyente

El corazón generoso y acogedor de Dios ha de ser el distintivo y la referencia de todas nuestras relaciones, pues es a través de ellas que representamos a Dios ante el mundo.

Scotty Smith, *El Reino de Gracia*

Entre Jordania e Israel hay una masa de agua prácticamente inerte. Se encuentra en el punto más bajo de la Tierra y su salinidad es unas diez veces mayor que la del océano, lo que hace imposible que vivan en él peces u otras criaturas, aparte de raras formas de bacterias y algas. Lo que hace que este mar, conocido como Mar Salado o Mar Muerto, sea un agente tan potente de muerte para la vida es que el agua sólo entra por la lluvia y desde el río Jordán, pero no tiene salida. Como resultado, la sal se ha acumulado en el mar y no ha sido un recurso para la vegetación o la vida animal. El Mar Muerto sirve de metáfora de la vida de la gracia vital.

Cuando nos aferramos a una forma de gracia que permanece principalmente interna o simplemente como un medio para liberarnos de nuestra culpa o vergüenza personal, esa gracia se vuelve limitada y comienza a influir en nosotros como un río que fluye en una sola dirección en nuestras vidas, por así decirlo. Cuando esto sucede, no experimentamos el propósito que Dios tiene para nosotros ó para la gracia. No hemos hecho que la gracia sea vital (esencial). La gracia vital consiste en conseguirlo todo a cambio de nada, pero no se detiene ahí. Esa gracia vital también debe llevarnos a dar gracia a otros a cambio de nada.

Recibimos la influencia del Espíritu de Dios a través de la gracia que nos concedió con el sacrificio de Cristo en la cruz, su resurrección de entre los muertos y su ascensión al trono. A su vez, nos convertimos en influenciadores al cumplir el mandato de la creación o cultural de ejercer dominio sobre la creación, multiplicarnos, cuidar la tierra y todo lo que hay en ella, y amar a nuestro prójimo como a nosotros mismos (véase Génesis 1:28; 2:15; Levítico 19:18).

Tal vez una de las razones por las que muchos abandonan las iglesias que tienen buena música, enseñanza, café y programas para niños es porque toda la influencia que estaban recibiendo nunca fluyó a través de ellos hacia las vidas de otros en sus esferas de influencia. Se convirtieron en un mar muerto.

Durante el tiempo que hemos pasado juntos en estas páginas, hemos insistido mucho en el amor *hesed* de Cristo en Su evangelio de gracia. El amor contra-condicional de Dios es realmente, como se mencionó antes, la belleza del evangelio y la atracción motivadora del Espíritu que nos libera. Son muy buenas noticias, y cuanto más libres, mejor, y no al revés. En la medida en que nos aferramos a cualquier forma de rendimiento o autoesfuerzo, disminuimos el poder de la gracia para realizar las transformaciones que Dios pretende. La vitalidad de la gracia estalla en una miríada de maravillas y milagros cuando somos "colaboradores de Dios" (en Cristo) en nuestra generación para la salvación, porque ahora es "el momento propicio" (2 Corintios 6:1-2).

Si recuerdas en la historia de fondo, vimos que no sólo nuestros primeros padres arruinaron sus vidas. También observamos que las naciones y todo el universo en su conjunto se convirtieron en una ruina. La ruina es de alcance cósmico. Christopher Wright nos lo recuerda perspicazmente:

> La misión de Dios es lo que abarca la brecha entre la maldición sobre la tierra de Génesis 3 y el final de la maldición en la nueva creación de Apocalipsis 22. La misión de Dios es lo que lleva a la humanidad de ser una cacofonía de naciones divididas y dispersas en la rebelión contra Dios en Génesis 11 a ser un coro de naciones unidas y reunidas en la adoración a Dios en Apocalipsis 7. [1]

Dios tiene la misión de reconciliar consigo a hombres y mujeres de todas las naciones que fueron arruinados por la rebelión y tiene un pueblo para su misión. Nosotros, que hemos sido atraídos por el Espíritu de Cristo, también estamos en la misión de Dios hacia los que no se han reconciliado con Dios, su Creador.

En el capítulo tres vimos que el pacto de Dios con Abraham consistía en ofrecer su gracia a las naciones gentiles. La gracia dada a Abraham debía ser una "bendición para las naciones" (Génesis 12:2-3). A través de Abraham, Dios lanzó el programa de recompra más grande del universo. Envió a su Hijo unigénito para redimir (comprar o recomprar) a un pueblo como posesión suya, para que declaráramos a nuestra generación "las obras maravillosas de aquel que los llamó de las tinieblas a su luz admirable" (1 Pedro 2:9). Jesucristo es la luz para las naciones y ofrece su salvación hasta los confines de la tierra. Dado que el rescate de Dios involucró a las naciones, es un evangelio global y nosotros somos portadores de la gracia al mundo. ¡Una transferencia cósmica de riqueza!

Pablo dijo que el ministerio que Dios le había encomendado a él y a su grupo de discípulos y mentores consistía en hablar a los demás de las excelencias de Cristo. El mensaje de Dios a través de ellos era un "ministerio de reconciliación" (2 Corintios 5:18), implorando a los enemigos de Dios que se volvieran a Él y dejaran que Dios hiciera las paces con ellos.

El método de Dios para cuidar de su pueblo es su pueblo. Y el plan de Dios para reconciliar con Él a hombres, mujeres, universitarios, adolescentes, niños y niñas es su pueblo. Eso significa que cuando recibimos y vivimos de la gracia vital, Dios desea que compartamos esa gracia con los demás, conduciéndoles no a un programa, código ético o evolución social, sino siempre de vuelta a su amor y gracia.

El Evangelio influyó e influye en la vida

El Evangelio de la gracia es para los no creyentes, pero también para los creyentes que deben vivir por la fe (véase Romanos 1:17). Debes ser alguien que represente el poder reconciliador de Dios de la vitalidad de la gracia con los seguidores de Jesús, así como con los que aún no lo son. Aquellos que ahora tienen una nueva identidad en Cristo necesitan continuamente la gracia vital, y Cristo nos ha concedido su Espíritu, produciendo en nosotros lo que fuimos diseñados para ser, así como las habilidades para multiplicar el evangelio de la gracia en nuestras esferas de influencia.

Cuando pregunto a los cristianos: "¿Cuál es el fruto del Espíritu?", los que han leído la Biblia suelen enumerar cuál es el fruto: "Oh, es amor, alegría y paz", responden. Pero no explican qué significa fruto. El fruto es algo que se produce en una vida, o por así decirlo, el subproducto de la semilla plantada y que crece. El fruto de Dios en una vida está directamente relacionado con la vitalidad de la gracia concedida gratuitamente. La ausencia de fruto espiritual observable sólo puede significar una cosa: ausencia de vida espiritual. No podemos producir fruto espiritual a través de nuestro esfuerzo, aunque muchas personas de la iglesia lo han intentado.

Al igual que la fruta de plástico que se utiliza para decorar o poner en escena la casa o la oficina, quizás usted haya experimentado la fruta falsa de una persona de la Iglesia y se haya desanimado. Cuando intentas experimentar lo que es falso, te deja un mal sabor de boca. Pero no ocurre lo mismo con la fruta real, deliciosa, sabrosa, jugosa y fresca. Esa clase estalla en tus sentidos, dejándote con ganas de más. Lo mismo ocurre con el fruto del Espíritu que crece en una vida.

Espero que en algún nivel entendamos que la participación del Espíritu Santo, a quien Jesús nos envió después de su muerte, resurrección y ascensión, es su influencia personal en nosotros a medida que experimentamos dinámicas de gracia y renovación en el Evangelio 3D (deleitándonos en Cristo, angustiándonos por el pecado continuo, siguiendo la dirección del Espíritu para vivir). Y Él está produciendo cualidades de carácter y de vida (afectos internos y cambios motivacionales del corazón, cambios de inversión externa, e incluso cambios hacia arriba o de adoración), o si se quiere, una "vida influenciada e influenciadora del evangelio."

En Gálatas 5:22-23, Pablo resumió en nueve palabras la influencia del Espíritu Santo en la vida de quienes han recibido la gracia vital de Cristo: amor, alegría, paz, paciencia, benignidad, bondad, fidelidad, mansedumbre y dominio propio. Pero no se limitan a este pasaje. A lo largo del Nuevo Testamento, Jesús, Pedro, Juan, Santiago, Judas y Pablo amplían y extienden las cualidades vitales que recibimos. Son normales, por lo que no tenerlas creciendo en la vida es inusual.

Mientras permanecemos (moramos, cenamos) en la Vid Verdadera (Jesucristo), el Espíritu produce fruto para Dios (ver Romanos 7:4). Sin embargo, como hemos visto, es posible que se produzca fruto malo de nuestras vidas anteriores en la carne. Como las algas crecen en el Mar Muerto, puede crecer algo, solo que no es una vida que valga la pena disfrutar.

Cuando la vida por el Espíritu fluye a través de nosotros, somos amorosos y profundamente afectuosos en nuestras relaciones.

Amamos a nuestros cónyuges, hijos, familia, vecinos y compañerosde trabajo de forma sana y práctica. Somos capaces de calmar los conflictos cuando surgen. Tenemos una sanidad relacional sustancial. No vivimos dependientes de su aprobación ni codependientes de su reciprocidad. Cuando se trata del mundo no creyente que nos observa, lo que ven en las iglesias son personas que expresan su amor de manera significativa entre sí. Ven servicio y perdón. De hecho, perdonar a otros por sus ofensas pasadas o actuales es una cualidad esencial y notable de un corazón que ha sido cambiado radicalmente sólo por la gracia.

Sam, un amigo de uno de mis grupos de hombres, me contó una conversación que tuvo con un compañero de trabajo. En tono de broma, su colega le dijo: "A los cristianos les han lavado el cerebro". Sam sonrió y respondió: "No te habría caído muy bien si nos hubiéramos conocido hace unos diez años. Era duro, impaciente y tenía una boca desagradable. Era cruel con la gente que me rodeaba y poco cariñoso con mi mujer y mis dos hijas. Era un cerdo egoísta que no perdonaba. Mi cerebro necesitaba un buen lavado, al igual que mis ojos, mi boca, mis manos y mi corazón. La razón por la que trabajo como lo hago, me preocupo por todos ustedes en mi equipo y tengo una vida hogareña llena de amor es porque, en el buen sentido de la palabra, recibí un "lavado de cerebro" de un Cristo amoroso, vivo y que sigue trabajando."

Las iglesias que tienen una capacidad de amar entre sus miembros demuestran un amor atractivo que la fruta de plástico no puede imitar. Es algo más que un *"Hola, encantado de recibirle esta mañana"*, por muy bonito que sea. Se trata de ofrecer una mano amiga. Estos miembros de la iglesia viven en voz alta el perdón a los demás que les han herido, ofendido o agraviado profundamente. Buscan la justicia y la misericordia para aquellos contra los que han pecado.

A medida que la influencia del Espíritu desciende sobre nuestra vida personal, experimentamos una alegría, un agradecimiento y una gratitud desbordantes. Podemos afrontar la pérdida, el dolor, el sufrimiento y las dificultades, no con una actitud de *"No dejes que te vean llorar"*, sino con la humilde confianza de que Dios está a nuestro favor, no en nuestra contra, y de que siempre está obrando. Incluso en medio de mi propio dolor, me he preguntado: "¿Dónde estaría yo sin Dios?".

En las esferas en las que trabajamos y servimos, nos convertimos en pacificadores y somos generosos con nuestro tiempo, dinero y recursos para el bienestar de los demás. Nos centramos más en el Reino de Dios y menos en nuestro bienestar personal, seguridad, riqueza y comodidad.

Espiritualmente, estamos en un continuo descubrimiento de un profundo sentido de gratitud y un amor más profundo por Dios. Adorar a Dios nos mueve más profundamente hacia el amor y la fidelidad a Él. El dominio propio es esa cualidad del carácter de nuestros corazones que no es simplemente una cuestión de nuestra voluntad. Es la capacidad de enfocar la vida en el verdadero tesoro y subordinar todos los demás afectos o deseos para tener lo mejor. Eso es una efusión del Espíritu en el corazón.

Hace unos años un anuncio de un desodorante proclamaba: "Nunca dejes que te vean sudar". Como joven creyente, me dijeron que nunca debíamos dejar que los no cristianos nos vieran pecar porque seríamos un mal testimonio. Así que escondíamos nuestros pecados de los demás. Nos mantuvimos alejados de las cosas "mundanas" para poder decir, *¿Ves? Somos santos y buenos.* Pretendíamos tenerlo todo junto, que estábamos por encima del pecado. El problema era que teníamos un mal entendimiento del pecado y la santidad. La mayoría de nuestros maestros lo veían como una lista de cosas malas y comportamientos que debíamos evitar o como un montón de cosas religiosas que debíamos hacer para ser buenos y aceptables para Dios.

Pero escucha: la realidad es que el fruto del Espíritu, el carácter de la vida, es que tengas la belleza moral más verdadera, la belleza más profunda.

Olvida por un momento que sabes algo sobre Dios, Jesucristo, ser "salvo" o cualquier cosa relacionada con lo que reconoces como vida cristiana. Ahora recuerda tu sentimiento de culpa. Recuerda la vergüenza de un trauma infantil o la última vez que hiciste algo que esperabas que nunca se descubriera. ¿Adónde acudirías para encontrar sanación? ¿Adónde acudirías para encontrar el perdón? ¿Quién podría quitarte la profunda sensación de esconder la vergüenza? Por mucho que lo desees, lo declares ante un espejo o te lo diga el consejero, no puedes declararte inocente ni sentirte desvergonzado.

Muchas personas que he conocido tienen un profundo sentimiento de culpa, vergüenza o ambas cosas, y se han sumido en la desesperación. Para ellos, con el fin de "ir por la vida", simplemente se mantienen ocupados. Inconscientemente se dicen a sí mismos: "*No te detengas, sigue adelante y no prestes atención a los sentimientos de pérdida*". Algunos trabajan duro, van a la escuela, siguen sacándose títulos. Otros encuentran un nuevo movimiento o una causa "justa" en la que volcarse. Algunos intentan ir a la iglesia o a una nueva religión y acaban con una nueva serie de ocupaciones y esfuerzos. Puede que tú seas esa persona que no sólo "ha estado allí, ha hecho eso y tiene la camiseta que lo demuestra", sino que tienes una docena de ellas. Muchos otros caen tan bajo que escapan trepando a una botella o confiando en el adormecimiento de una pastilla.

Verás, lo que la gente necesita de ti, lo que tu hijo, hija, vecino, cónyuge más necesitan de ti no es que no digas malas palabras o vivas una vida traviesa. No es tu habilidad como maestro o consejero. Tus amigos no necesitan que los arregles. No, lo que más necesitan es un atractivo en tu vida. Necesitan ver a Dios, en su belleza, obrando en tu vida. Y eso es lo que formalmente hemos llamado el fruto del Espíritu. Necesitan conocer un amor que cubra una multitud de pecados y elimine su culpa y vergüenza. Tu vida influenciada por el Espíritu es la influencia moldeadora que necesitan desesperadamente.

Sin embargo, el fruto, la vida influenciada por el Espíritu, a veces se ve mejor en medio de cómo te enfrentas al fracaso, la decepción o el dolor. Porque nos hemos librado de la ilusión de que podemos manejar el sufrimiento confiando en nuestra propia fuerza de voluntad y fortaleza, necesitan ver que tenemos gracia vital en las trincheras del dolor y la pena.

¿Cuándo se sentía la gente más atraída por Jesús? Cuando trataba con la gente que había fracasado, con los marginados de la sociedad y con la gente que sufría. Fue cuando Él estaba en la agonía de su propio dolor y pérdida; cuando fue duramente criticado, pero Él no le devolvió el insulto. Esa es la verdadera belleza. La verdadera maravilla. El verdadero amor.

La gloria de Dios es supremamente su bondad, su belleza, y se ve mejor ahora a través de Él obrando en tu vida. Este es el evangelio influyente e influenciando en la vida. Cuando el evangelio de la gracia está obrando en la vida está produciendo en ti un atractivo que otros quieren tener. Y cuando es el Espíritu produciendo en tu vida el amor, gozo, paz, paciencia, benignidad, bondad, fidelidad, mansedumbre y dominio propio (no son frutos sino fruto), ¡probablemente será tan sorprendente para ti como lo es para los demás!

Habilidades espirituales para influir en los demás

Toda persona a la que Dios ha cambiado sobrenaturalmente y ha recibido una nueva identidad en Cristo (creaturidad, familia y discipulado) ha recibido un don espiritual o una habilidad espiritual para servir y cuidar a los demás. Como explicó Pablo: " Tenemos dones diferentes, según la gracia que se nos ha dado" (Romanos 12:6).

Antes de examinarlos, permítanme advertirles acerca de enfocarnos en las habilidades o dones espirituales como el mayor punto de enfoque. Demasiado a menudo elevamos a los superdotados a un lugar de honor y fama que el Señor no pretendía, ya sea por su forma de hablar, cantar o liderar.

¿Qué influye más en los demás: el carácter o la habilidad? Obviamente, podemos mirar hacia atrás en el pasado a oradores extremadamente dotados y hábiles con plataformas o líderes de alabanza extremadamente dotados y hábiles que han sido removidos de esas perchas, y entender que su caída no fue por falta de habilidad, sino de carácter. El carácter triunfa sobre la competencia todos los días, y a menudo cubrirá la deficiencia de habilidad. La mayoría de los fracasos en el liderazgo son el resultado de un carácter pobre o descalificador. Los dones o habilidades espirituales son importantes para nuestro continuo crecimiento personal y en nuestras iglesias, pero deben trabajar en asociación con la influencia del Espíritu en nuestros caracteres, como se evidencia por nuestro fruto espiritual. Mientras que la competencia de habilidades nunca puede compensar la deficiencia de carácter, las personas con verdadero carácter de vida son las que tienen la influencia más significativa y duradera en nuestras vidas.

En 1 Corintios 12:1-7, Pablo informó a los cristianos de Corinto: "En cuanto a los dones espirituales. . . . cuando eran paganos se dejaban arrastrar [influenciar] hacia los ídolos mudos… Ahora bien, hay diversos dones, pero un mismo Espíritu… A cada uno se le da una manifestación especial del Espíritu para el bien de los demás." Ahora debemos ser influenciados por el Espíritu (en oposición a estar bajo otra sustancia controladora) mientras utilizamos los dones o habilidades únicas dadas libremente por el Espíritu.

Las llamo habilidades porque en nuestra cultura es así como vemos la capacidad de alguien: son hábiles en su trabajo. Pero cuando pensamos en ellas como la Biblia las llama, dones, recordamos que nos son asignadas sobrenaturalmente por su gracia. Cualquiera que sea mi habilidad, Dios me la dio como expresión de Su gloria, para el beneficio de otros que llevan Su imagen, y debo sobresalir en la habilidad que se me ha dado. Como Pedro instruyó a los creyentes en 1 Pedro 4:10: "Cada uno ponga al servicio de los demás el don que haya recibido, administrando fielmente la gracia de Dios en sus diversas formas."

En varios pasajes bíblicos se enumeran muchos dones o habilidades espirituales, pero los resumiré en tres categorías.

Habilidades de oratoria

En Estados Unidos, los cristianos, diferentes religiones y los secularistas dan mucha importancia a la capacidad de comunicación, el canto o las dotes de oratoria. En el mundo secular pagano, ya sea actuando, cantando, en los noticieros o en la política, se gana mucho con la habilidad de hablar bien. En la iglesia, la habilidad espiritual de enseñar es dada a algunos para que clara y efectivamente puedan explicar el evangelio de la gracia de tal manera que otros cristianos sean capaces de entenderlo y aplicarlo a la vida. La predicación o profecía es dada a algunos para proclamar la gracia salvadora de Cristo en formas que revelen el misterio del evangelio a los no creyentes y también para edificar a los creyentes en la gracia del evangelio. Aquellos con la habilidad de evangelizar a personas perdidas tienen el don de hablar como muchos pastores. Tal vez no todos son grandes cuando hablan a grupos grandes, pero su habilidad para comunicarse a grupos pequeños o con su adolescente es sobrenatural.

También tenemos compositores y líderes de alabanza contemporáneos que nos hablan con "salmos, himnos y cánticos del Espíritu" (Efesios 5:19). Los dones de la palabra pueden ser celebrados culturalmente, pero para los influenciados por el Espíritu, ellos lo reconocen como un don, no como un talento natural para ser usado para ganancia egoísta.

Habilidades de servicio

Podemos ver en la lista de habilidades espirituales de Pablo en Romanos 12 que coloca el "servir" en el puesto número dos de la lista, entre dos dones de palabra. Y luego añade otras habilidades relacionadas con el servicio para completar la lista, como animar (estar al lado de alguien y infundirle valentía), dar generosamente recursos o dinero, liderar (influir positivamente en los demás hacia un objetivo deseado), hospitalidad (hacer que alguien se sienta como en casa cuando uno desearía que lo estuviera) y servir a los demás con hilarantes demostraciones de misericordia. Existen más dones de servicio que las habilidades de oratoria o canto que solemos celebrar.

Si usted tiene una habilidad de servicio (como la misericordia o la ayuda), se le ha dado para ayudar en el crecimiento del Reino en todo el mundo por la maduración de los compañeros seguidores o todavía-por-ser seguidores de Cristo en la tierra de la gracia asombrosa. Aunque tu don no sea tan visible como hablar, ten cuidado de no envidiar o sentirte inferior a aquellos con dones o habilidades diferentes. El cuerpo necesita manos, brazos, ojos, oídos, piernas y pies (véase 1 Corintios 12). A todos ellos los dio de dos en dos, ¡pero sólo dio una boca!

Habilidades invisibles

El Espíritu Santo ha dotado a algunas personas con habilidades que normalmente no se ven en este ámbito. Los hombres y mujeres a los que Dios ha concedido un sexto sentido espiritual (una conciencia de la batalla espiritual que se libra en lo que no ve el ojo humano) y que interceden por la intervención de Dios poseen un don extremadamente raro y valioso. Al igual que la mujer que sirve en el trasfondo, sin querer ser conocida por sus bondadosos actos de sacrificio, los intercesores suelen utilizar sus habilidades de oración y milagros en su sillón de oración o en pequeñas células de oración. Disfrutan de tiempos prolongados de adoración y oración y, de hecho, pueden llegar a agotarse físicamente por el trabajo pesado de la oración. Con o sin resultados conocidos de sus oraciones, continúan en oración creyente. Parece que Epafras tenía el don de intercesión porque Pablo escribió que "siempre luchando en oración por ustedes, para que, plenamente convencidos, se mantengan firmes, cumpliendo en todo la voluntad de Dios (Colosenses 4:12).

Sí, todos estamos llamados a servir a los demás, a decir la verdad con amor, a animarnos unos a otros, a dar ofrendas generosas al Señor y a su Reino, y a practicar la misericordia con los demás. A todos, como hemos visto, se nos han dado los medios para crecer en gracia mediante la oración. Pero algunos de nosotros estamos única y especialmente dotados o capacitados para amar a Dios y a los demás dominando nuestro oficio para aumentar la gracia de Dios.

Las habilidades o dones son sobrenaturales. El maligno sabe que si tienes habilidades o destrezas naturales, eso no es un don sobrenatural y por lo tanto no tienes que depender de Cristo. Puedes confiar en ti mismo o en otra cosa. Terminas pensando que realmente no necesitas la gracia (obtener todo lo que necesitamos a cambio de nada), al menos no al 100 por ciento. Sin embargo, tienes una habilidad significativa para la misión de Dios porque el Espíritu Santo te la ha proporcionado graciosamente para que puedas compartirla con otros para su salud espiritual y el bien común.

¿Te está usando Dios solamente?

A menudo decimos: "Dios quiere usarte" o animamos a otros con: "Dios te está usando de maneras tan poderosas". Sé que lo decimos de manera positiva. Pero ¿acaso no odias ser usado? En algún momento de la vida un amigo te señala: "Ella sólo te está usando para conseguir lo que quiere" o "Él sólo te usó para su propio placer". Ya sea en el trabajo, en casa o en una amistad, pocas personas disfrutan siendo "utilizadas" por alguien. En realidad, ¿quién quiere ser utilizado?

Tenemos que tener cuidado al hablar de que Dios quiere usarnos de no tergiversar a Dios ante los demás. He dicho y me han dicho: "Dios quiere usarte para..." o "Dios te está usando para el bien".

Sin embargo, Dios—debido a que no es un dios de una sola persona/unidad en el universo, sino ser completo y perfectamente interdependiente relacionalmente como Padre, Hijo y Espíritu—no hizo a los humanos porque necesitara usarnos o necesitara ser servido por nosotros. Dios no es un usuario.

Dios no te rescató porque te necesitaba para servirle, y Él no te rescató para usarte en cualquier sentido que le proporcione aprobación, seguridad o comodidad. Él es todo glorioso; ¿quién puede aumentar su honor o hacerlo famoso? Él es todopoderoso; ¿quién puede ser su rival o amenazar su Reino asegurado? Él es todo bondad y amor eterno. ¿Quién puede ofrecerle más consuelo que el que Su Presencia puede proporcionarle? Sé humilde porque Él es completo en sí mismo y se ofrece a ti.

Él es glorificado en y a través de nosotros cuando lo atesoramos con nuestro amor en adoración y dependencia, así como cuando amamos a nuestro prójimo como Cristo nos amó. Él no está interesado en utilizarnos para su beneficio personal, pero sí nos pide que seamos testigos de quién es Él, de todo lo que ha hecho y de todo lo que está haciendo.

¿Puedo conseguir un testigo?

Me han pedido que testifique en varias ocasiones. Una fue por un accidente que vi ocurrir justo delante de mí. Todas las demás fueron en bodas, como ministro o como asistente, presenciando la unión de un hombre y una mujer en matrimonio. Los testigos sólo cuentan lo que vieron o experimentaron. Los testigos no deben hacer comentarios ni añadir nada a lo que vieron.

Considera a este testigo que interactuó con Jesús. Un día Jesús se encontró con un hombre que había nacido ciego. Jesús mezcló un poco de barro en sus manos y se lo puso en los ojos al hombre, indicándole que fuera a lavárselo en un estanque cercano. Cuando el hombre se lavó el barro de la cara, quedó sanado. Cuando sus vecinos se dieron cuenta de que caminaba contemplando el paisaje, probablemente entre risas, lo detuvieron y le preguntaron cómo era que ya no estaba ciego. Él les dijo que lo había hecho un hombre llamado Jesús.

Los líderes religiosos se involucraron porque la sanación quebrantaba su regla del sábado. Cuando interrogaron al que había sido ciego, quisieron utilizarlo para acusar a Jesús de ser un pecador por quebrantar sus normas. Incluso intentaron utilizar a los padres del hombre para sus fines. El hombre, ahora lleno de alegría y que veía 20/20, les miró cara a cara por primera vez en su vida y respondió a sus preguntas con la ya famosa frase: "Lo único que sé es que yo era ciego y ahora veo" (Juan 9:25). No era más que un testigo de primera mano del hacedor de milagros Jesucristo.

Desde la catástrofe del jardín, Dios tiene la misión de rescatar y reconciliar a hombres, mujeres, niños y niñas esclavizados por la maldición de la muerte. Él cuenta contigo para su misión y, por medio de su Espíritu, te está moldeando y proporcionando las habilidades necesarias para que te unas a Él en su misión. Todos los que estamos en misión somos ante todo testigos de un Salvador vivo y resucitado (ver Hechos 1:8).

Jesús mismo, que después de su resurrección les mostró las manos y los pies, demostrando que una vez estuvo muerto pero ahora estaba vivo, comenzó con Moisés y todos los Profetas, y "les explicó lo que se refería a él en todas las Escrituras" (Lucas 24:27). Les dijo: "tenía que cumplirse todo lo que está escrito acerca de mí en la ley de Moisés, en los profetas y en los salmos. Entonces les abrió el entendimiento para que comprendieran las Escrituras" (24: 44-45).

Fíjate, Jesús no les ofreció una versión de la vida para rellenar los espacios en blanco. Les dio la historia del Evangelio, de principio a fin. Dijo que tenía que morir y al tercer día resucitar y que ahora se ofrecería el arrepentimiento y el perdón de los pecados a todas las naciones. Les dijo en cierto sentido: "Ustedes son personajes de la historia del Evangelio". ¿Por qué? Porque "*son testigos* de estas cosas [la resurrección, el mayor acontecimiento de la historia del mundo]. Voy a enviarles el Espíritu" para que esté en vosotros y les dé poder" (Lucas 24:48-49, énfasis añadido).

Una de las formas en que el Espíritu derrama la gracia de Dios es cuando vamos en la misión que Dios está llevando a cabo. Jesús también dijo a los discípulos que cuando les preguntaran sobre su esperanza en su recién descubierta fe en Él, el Espíritu Santo "les enseñará lo que deben responder" (Lucas 12:12).

Siempre debemos estar preparados para dar una respuesta a quien nos pregunte por qué tenemos esperanza, como nos animó Pedro en 1 Pedro 3:15. ¿Qué te dirá el Espíritu que es la esperanza?

La pluma de Pedro fluyó directamente hacia la gracia concedida mediante la muerte y resurrección de Cristo: "Porque Cristo murió por los pecados una vez por todas… a fin de llevarlos a ustedes a Dios. Él sufrió la muerte en su cuerpo, pero el Espíritu hizo que volviera a la vida" (1 Pedro 3:18). Todos debemos ser testigos de la gracia vital de Dios. Podemos testificar que la gracia amorosa de Dios a través de un Salvador vivo y resucitado es verdadera y que Él es capaz de salvar a cualquiera que confíe en Él. Él te dio el Espíritu, su fruto y su habilidad.

Influir en los demás por función específica

Nos hemos convertido en una cultura terapéutica. Cuando los amigos tienen luchas personales, muchos suelen preguntar: "¿Has visto a un consejero o terapista para eso?" Debido a que algunos de nosotros somos demasiado protectores de nuestro espacio personal, no estamos dispuestos a dedicar el tiempo y la capacidad para cuidar el desarrollo espiritual de otra persona, o no queremos entrometernos en la vida privada de otra persona, por lo que tenemos una forma de cristianismo que se privatiza a las mañanas de domingo o a la iglesia impersonal en-línea. Algunos de nosotros simplemente no nos sentimos cualificados para invertir en los demás con nuestro conjunto de habilidades espirituales.

"¿Soy yo acaso guarda de mi hermano?" (Génesis 4:9) fue la respuesta de Caín cuando Dios le preguntó por el paradero de su hermano Abel. Dios sabía lo que había pasado, así que la pregunta era para sacar a Caín de su escondite. Por supuesto, la respuesta implícita fue: "Sí, tú eres el guardián de tu hermano". Debes amar a tu prójimo como a ti mismo, o si eres cristiano, como Cristo te amó.

El apóstol Pedro escribió: "Sobre todo, ámense los unos a los otros profundamente, porque el amor cubre multitud de pecados... Sobre todo, ámense los unos a los otros profundamente, porque el amor cubre multitud de pecados." (1 Pedro 4:8, 10).

Te recuerdo el resumen que hace Pablo de todo ello en 2 Corintios 5:15, que "los que viven [a causa de la muerte sustitutoria de Jesús por ellos] ya no vivan para sí, sino para aquel que murió por ellos y fue resucitado."

Debemos ser un sacrificio vivo. Morir cada día a nuestra autosuficiencia, a nuestras estrategias de autosalvación y a nuestra comodidad egoísta. Hemos de negarnos a nosotros mismos y tomar una cruz para seguir a Cristo en el amor a los hermanos y hermanas. ¡Ahora estamos muriendo para vivir! Quiero invitarte a una nueva visión y a volver a una realidad básica: deja que el evangelio de la gracia haga su trabajo en la sencillez de lo que Dios te invitó a hacer al ser testigo de un Cristo real y vivo dentro de ti, siendo el guardián de tu hermano, por así decirlo, usando la habilidad espiritual que Él te dio, en un papel que Él diseñó.

Esta es una invitación a hacer que la gracia vital vaya más allá de los cambios personales en los que tendemos a centrarnos y la amplíe al movimiento que Dios está llevando a cabo. Has sido agraciado por amigos, maestros, mentores, entrenadores y discipuladores que influyen en ti, y ahora, para que esa gracia crezca más profundamente, debes permitir que la gracia fluya a través de tu vida hacia las vidas de otros, dentro y fuera de la fe cristiana. Esa es una forma en que se convertirá en gracia vital en tu vida.

Te pido que explores uno de los cuatro papeles potenciales en los que involucrarte. Estos roles vienen a través de la obra del Espíritu en tu esfera de influencia, ya sea en la vida familiar, la iglesia, los negocios, los medios de comunicación, la política, las artes, los servicios sociales, la medicina o la educación. Sé que puedes desempeñar este papel, ya que el Espíritu está cambiando tu carácter (fruto espiritual) y te ha dado generosamente una habilidad espiritual para ser testigo de que Jesucristo está vivo y es capaz de hacer más de lo que podemos imaginar (véase Efesios 3:20). Sí, será complicado. Puede que te sientas más seguro en la posición de aprendiz, sentado en la sala de estar de otra persona, o tomando una clase o seminario, pero eso limita lo que la gracia está destinada a hacer. La gracia vital debe compartirse haciendo otros discípulos que abracen la gracia vital, siendo mentor de un líder o pareja más joven, comprometiéndose con Dios y la misión de su Reino como catalizador de oración con otros, o entrenando evangélicamente a otro cristiano en su trabajo o capacidad única. Cuando influyes en una persona, tu influencia se multiplica en las vidas de otros en sus esferas, como el cónyuge, los hijos, los amigos, los compañeros de trabajo, los vecinos y la ciudad. Veamos estos cuatro roles.

Hacedor de Discípulos

Hacer discípulos en relación con otros es uno de los principales llamados a la Iglesia (véase Mateo 28:16-20) que se inauguró con la llamada de Abraham para que la gracia de Dios fuera una bendición para las naciones.

Hemos hecho la formación de discípulos más compleja de lo que debería ser. Un discípulo de Jesús es alguien que se ha arrepentido y sigue confesando sus estrategias pecaminosas y de autosalvación, que cree y sigue creyendo que Cristo es el único Salvador, y que le sigue en una vida obediente de adoración, comunidad y misión. La formación de discípulos, por tanto, no es simplemente una clase de enseñanza de descarga de información. Es el desarrollo continuo de unos a otros en la vida en comunidad, mediante la aplicación del Evangelio 3D. Es una vida moldeada por la gracia que da forma a otras vidas.

Parte de tu identidad, como vimos en el capítulo seis, es que eres un discípulo y estás siendo discipulado por el Espíritu Santo ahora.

Como hacedor de discípulos, usted apunta al corazón, porque la gracia vital siempre trata con el corazón, o las estructuras profundas de motivación de lo que la gente realmente está viviendo. Si la formación de discípulos no llega al corazón, no producirá la transformación del cambio a la semejanza del Hombre Verdadero: Jesucristo. No hace falta ser un experto en cristianismo para ser un hacedor de discípulos; basta con ser un discípulo que invita a otros a una comunidad de seguidores.

Si usted es padre o madre, una de sus inversiones más importantes en la vida de su hijo es discipularlo a través de la oración, enseñándole el amor de Dios y las advertencias de Dios, corrigiéndolo, y viviendo del fruto del Espíritu, para que quiera amar a Dios y seguir a Cristo en su vida y en su carrera.

Cambiaremos nuestro mundo a través de hombres y mujeres constantes, comprometidos y amorosos que valientemente asuman el papel de hacedores de discípulos en sus hogares, negocios, escuelas e iglesias.

Mentor del Evangelio

El segundo papel a considerar es el de mentor del evangelio. La formación de discípulos se realiza mejor en una pequeña comunidad de tres o cuatro personas, mientras que la mentoría se realiza mejor de uno en uno o de uno en dos. Los mentores pueden cambiar radicalmente una vida. A lo largo del viaje llamado vida, vienen al lado para proporcionar la navegación que los cristianos necesitan para vivir comprometidos en una guerra espiritual en nuestro mundo roto, lleno de dolor y desbocado. La tutoría es como la formación de discípulos y el entrenamiento, pero no es el mismo tipo de relación.

La mentoría del evangelio es una relación de confianza entre un mentor experimentado y un mentorizado en proceso de maduración, que implica entablar conversaciones de vida a vida con dinámicas que renuevan la gracia, dirigidas a potenciar de forma holística la vida relacional, personal, misional y espiritual del mentorizado. Es una experiencia altamente relacional en la que una persona contribuye significativamente al desarrollo holístico o a la potenciación de una persona en proceso de maduración. Es mostrar a alguien cómo ser alguien. Y como mentoreamos por la dinámica de la gracia, esto significa que podemos liderar no sólo desde nuestras fortalezas y éxitos, sino también desde nuestras debilidades y fracasos. Tengo un letrero en mi oficina que dice: "El buen juicio viene de la experiencia. Y la experiencia, en fin, viene del mal juicio". Los mentores del evangelio que se comprometen con hombres y mujeres en proceso de maduración tienen un valor único para cambiar el mundo.

Catalizadores de oración

¿Qué tiene que ver creer en la gracia vital con orar? Estar desconectados de la gracia vital y confiar en nuestros propios esfuerzos, habilidades y protección nos desconecta del Dios de toda gracia. Cuando vemos nuestra relación con Dios como algo transaccional—nosotros hacemos nuestra parte y Él suple la diferencia que nosotros no podemos lograr—entonces tendemos a confiar en nuestro propio trabajo la mayor parte del tiempo. Oramos cuando se nos va la mano, es decir, cuando nos encontramos en situaciones que no podemos manejar. Incluso cuando rezamos, en realidad estamos dando consejos a Dios sobre cómo llevar a cabo nuestro plan. Entonces, el cristianismo se convierte simplemente en una mejora de nosotros mismos, en una programación previsible.

La falsa creencia es que Dios está ahí para hacernos felices, por lo que la vida cristiana se convierte principalmente en un cambio personal y no en Dios y su Reino desplegado en la tierra. La oración, entonces, se convierte en una función de nuestras listas de deseos para que Dios los cumpla. Y cuando Él no responde, renunciamos. Nuestra falta de oración se convierte en un ladrón de lo que tenemos en Cristo.

Los catalizadores de la oración han llegado a la maravilla de una relación con Dios que sólo existe por su bondad de gracia asombrosa—que Él lo ha hecho todo y lo ha dado gratuitamente, no por ningún esfuerzo u obra—y atesoran la oración por la amistad que ofrece. Como dijo Jesús a sus discípulos:

> Ya no os llamo siervos, porque un siervo no conoce los asuntos de su señor. En cambio, os he llamado amigos, porque todo lo que aprendí de mi Padre os lo he dado a conocer a vosotros. No me habéis elegido vosotros a mí, sino que yo os he elegido a vosotros y os he destinado para que vayáis y deis fruto -fruto que dure- y para que todo lo que pidáis en mi nombre os lo dé el Padre. (Juan 15:15-16)

Como mencioné en la sección de habilidades espirituales, algunos cristianos tienen el don de intercesión. Son hombres y mujeres que se conectan con Dios en la oración, el ayuno y la adoración de maneras que moldean el Reino. Pablo, quien tenía el don de hablar, solicito a los catalizadores de oración que le pidieran a Dios que le diera la habilidad de usar su don de hablar sin temor y que Dios lo protegiera de los hombres malvados. Si usted es una de esas personas y no ha comenzado una célula de oración, ahora que la gracia ha vuelto a entrar en su vida, le animo a comenzar amistades de oración con otros creyentes para una oración comunitaria centrada en el Reino, porque somos una iglesia sin oración.

Mentores del Evangelio

La mentoría es una función especializada en la iglesia. No todo el mundo puede hacer mentoría, pero la mentoría del evangelio es el ingrediente más importante para la salud y la sostenibilidad de un líder.

¿Quién suele ser la persona con menos recursos de la iglesia o del ministerio? ¿Quién recibe menos apoyo y atención? Algunos de los principales motivos de queja de muchos líderes es que se sienten desatendidos y subvalorados. No saben si están haciendo un buen trabajo, no reciben retroalimentación ni ánimo. La mentoría es una de las soluciones clave para proporcionar a los líderes los recursos que necesitan y les proporciona la conversación evangélica intencional para sus vidas relacionales, personales, misionales y espirituales.

Un mentor mío, el Dr. J. Allen Thompson, me dijo: "Mentorear es desarrollar una relación de apoyo con el mentorizado que conduce a la renovación continua del evangelio y a la profundización del carácter que se centra en las realidades de la vida cultural, y da como resultado la mejora de las habilidades y el rendimiento mediante una forma de instrucciones que permite al mentorizado crear conciencia y responsabilidad".

Estudié y fui pionero del modelo Mentor del Evangelio hace casi quince años. He tenido el privilegio de entrenar a líderes, formar a otros en mentoría del evangelio y soy presidente de un ministerio que despliega mentores evangélicos por todo el mundo. Reproducir líderes es la tarea más importante de cualquier persona con influencia. Cuando educas y capacitas a líderes mediante el modelo Mentor del Evangelio, ejerces un impacto positivo en ti mismo, en tu organización, en tu generación y en la siguiente.

Agentes de Gracia

¿Cuál es el objetivo de la gracia vital? Es la gloria de Dios en el rescate de su pueblo y la renovación de todas las cosas en este planeta desbocado. Se nos ha dado la gracia para hacer buenas obras. Nuestras buenas obras no deben considerarse sólo en un sentido espiritual por la gracia que crece y moldea nuestro carácter. La gracia vital nos mueve a la misión como agentes de su gracia continua que se ofrece a los cristianos y a los que aún no lo son. La gracia dada como nuestra herencia es misteriosamente ampliada cuando en nuestros corazones estamos discipulando, mentoreando, orando, o entrenando como un influenciador dador de gracia.

Sospecho que estarás pensando: "*No sabes las cosas que he hecho. No conoces mi pasado y lo horrible que ha sido.* Es verdad. No lo sé. Dios nunca nos pide que olvidemos el pasado. No debemos descuidar o negar el dolor que recibimos o causamos en nuestro pasado. Un pasaje mal citado para los dolidos y culpables es: "olvidando lo que queda atrás y esforzándome por alcanzar lo que está delante" (Filipenses 3:13-14). La gracia de Dios no nos libra de mirar al pasado, más bien nos da el valor que necesitamos para mirarlo, arrepentirnos y confesar cualquier cosa que hayamos hecho para causar la ruina, afrontar cualquier vergüenza que hayamos asumido y trabajar en la dinámica renovadora de la gracia con valor y esperanza.

Si bien es cierto que no puedes cambiar tu pasado, tu culpa y vergüenza pasadas han sido perdonadas y cubiertas, y el poder de la gracia vital cambiará el futuro de adónde te iba a llevar ese pasado.

Sigues siendo un agente de la gracia. A medida que recuperes el gran alcance cósmico de la salvación, saldrás de la estrechez y la ansiedad de la preocupación por ti mismo para convertirte en un influenciador del Evangelio.

Como nuevas criaturas a las que se les ha concedido la gracia de Dios en Cristo, debemos compartir esa gracia con los demás a través de las relaciones, a pesar de nuestra incomodidad, inseguridades o miedo a la desaprobación. O debería decir, tenemos que vivir por fe en una nueva vida de comodidad, seguridad y aprobación en Cristo y su Espíritu en comunión con nosotros momento a momento.

Cristo está lleno de gracia, y quienes le conocen reciben una lluvia de gracia cuando están en misión. Como escribió el apóstol Juan: "De su plenitud todos hemos recibido gracia sobre gracia..." (Juan 1:16). Su gracia, demostrada al estar "en misión" de misericordia, se nos multiplica a los que vamos en misión. A los que se les ha dado mucho (todo por nosotros), se les esperará mucho (cfr. Lc 12,48). La gracia fluye en la misión, no en un mar de muerte.

Existe una conexión asombrosa entre la historia inicial del primer libro de la Biblia y la del último. En el primer libro encontramos que Dios creó el cielo y la tierra. El último libro, Apocalipsis, pinta un futuro glorioso de un cielo y una tierra recreados y renovados. La historia de fondo describe la dolorosa acción de la rebelión, nuestros padres escondidos, maldecidos fuera de su jardín, alejados del árbol de la vida, así como nuestro paraíso perdido y arruinado. El último libro nos invita a ver a Dios con nosotros, acogidos en el árbol de la vida, y a experimentar a las naciones afluyendo a la nueva ciudad.

Los sesenta y seis libros de la Biblia cierran todo el ámbito de la revelación de Dios para nosotros con estas palabras: "La gracia del Señor Jesús sea con todos. Amén" (Apocalipsis 22:21). La gracia vital nos conecta con el Dios de toda gracia y nos obliga a ver que formamos parte de un nuevo Reino cósmico y global, que será lo que restaure todas las cosas, porque nuestro Rey misericordioso volverá. Y Dios renovará su presencia y habitará con nosotros, enjugando toda lágrima, sufrimiento y tristeza, acabando con la enfermedad y la muerte. Él hará nuevas todas las cosas. Comenzó con Dios dándolo todo a cambio de nada y terminará con un final que nunca termina, en gracia estando con el pueblo de Dios.

Notas

Capítulo I: La vitalidad de la gracia

1 John Henry Sammis, "Confiar y obedecer", 1887, dominio público.

2 Philip Yancey, *What's So Amazing About Grace* (Grand Rapids, MI: Zondervan, 1997), 208.

3 Helmut Lehmann, ed., *Obras de Lutero*, ed. y trans. John Doberstein (Filadelfia: Fortress, 1966), 284-85.

4 John Piper, *Dios es el Evangelio: Meditations on God's Love as the Gift of Himself* (Wheaton, IL: Crossway, 2005), 167.

5 Werner Mischke, *El Evangelio Global: Achieving Missional Impact in Our Multicultural World,* (Scottsdale, AZ: Mission One, 2015), 64-65.

6 Dan Allender y Tremper Longman III, *The Cry of the Soul: How Our Deepest Emotions Reveal Our Deepest Questions about God* (Colorado Springs, CO: NavPress, 1994), 196.

7 Bob Bennett, "A Song About Baseball", EMI Christian Music Group (Straightway Music), 1982.

8 David Powlison, *Seeing with New Eyes: Counseling and the Human Condition Through the Lens of Scripture* (Philipsburg, NJ: P&R Publishing, 2003), 170.

9 C. S. Lewis, *Mero cristianismo* (San Francisco: HarperOne, 1952, 1980), 142.

10 Richard Lovelace, *Dynamics of Spiritual Life: An Evangelical Theology of Renewal* (Downers Grove, IL: InterVarsity, 1979), 211-12.

Capítulo dos: Comprender el trasfondo de la gracia

1 Steven Curtis Chapman, *Where We Belong*, 1992 lyrics, © BMG Rights Management.

2 Richard Dawkins, *El espejismo de Dios* (Boston: Houghton Mifflin, 2006), 51.

3 Francis Schaeffer, *La verdadera espiritualidad* (Wheaton, IL: Tyndale, 1971), 88.

4 Larry Crabb, *Inside Out* (Colorado Springs, CO: NavPress, 1988), 72.

5 C. John Collins, *¿Existieron realmente Adán y Eva?: Quiénes fueron y por qué debería importarte* (Wheaton, IL: Crossway, 2011), 15.

6 C. S. Lewis, *Mero cristianismo* (Nueva York: Macmillan, 1952), 53-54.

7 *Buscando tus raíces*, temporada 6, episodio 4: "Esta tierra es mi tierra", 14 de enero de 2020, https://www.pbs.org/video/ancestors-freed-slavery-nfwc2j/.

Capítulo 3: Nuestro rescate vital

1 Christopher J. H. Wright, *La misión del pueblo de Dios: A Biblical Theology of the Church's Mission* (Grand Rapids, MI: Zondervan, 2010), 66.

2 Matt Rosenberg, "Las ciudades más grandes a lo largo de la historia", ThoughtCo, 4 de noviembre de 2019, https://www.thoughtco.com/largest-cities-throughout-history-4068071.

3 Christopher J. H. Wright, *Conocer a Jesús a través del Antiguo Testamento* (Downers Grove, IL: InterVarsity, 1992), 4.

4 Rich Mullins y David Strasser, "Sometimes By Step", Copyright © 1992, Edward Grant, Inc, Kid Brothers of St.

5 Steve Brown, *Tres pecados gratuitos: God's Not Mad at You* (Nueva York: Howard Books, 2012), 121.

6 J. I. Packer, *Knowing God* (Downers Grove, IL: InterVarsity, 1973), 186.

7 Tim Keller, *Counterfeit Gods: The Empty Promises of Money, Sex, and Power, and the Only Hope that Matters* (Nueva York: Dutto Adult, 2009), 10.

8 Keller, *Dioses falsos,* 18.

9 Charles Wesley, "And Can It Be", 1738, dominio público.

Capítulo 4: Ball and Chain: El poder de tu vida anterior

1 Scott Thomas y Tom Wood, *Gospel Coach: Shepherding Leaders to Glorify God* (Grand Rapids, MI: Zondervan, 2012), 85.

2 Martin Lloyd-Jones, *La vida en Cristo: Studies in 1 John* (Wheaton, IL: Crossway, 2002), 725.

3 *Catecismo de Heidelberg*, Pregunta/Respuesta 95, consultado el 6 de septiembre de 2021, https://www.crcna.org/welcome/beliefs/confessions/heidelberg-catechism.

4 Richard Keyes, "The Idol Factory", en *No God But God: Breaking with the Idols of Our Age,* Os Guinness y John Seel, eds. (Chicago: Moody, 1995), 31-33.

5 Thomas y Wood, *Gospel Coach,* **85-86**.

6 Citado en Jerry Newcombe, "The Thunderstorm that Changed Martin Luther's Life", *The Christian Post*, 4 de noviembre de 2017, https://www.christianpost.com/news/the-thunderstorm-that-changed-martin-luthers-life.html.

7 Thomas Chalmers, *Expulsive Power of a Higher Affection*, paráfrasis mía.

8 Comentario de Romanos 6:15-17, Precept Austin, 24 de enero de 2020, https://www.preceptaustin.org/romans_615-20.

9 Jamie Ducharme, "More Millennials Are Dying 'Deaths of Despair,' as Overdose and Suicide Rates Climb", Time, 13 de junio de 2019, https://time.com/5606411/millennials-deaths-of-despair/.

10 Olga Khazan, "The Millennial Mental-Health Crisis", *The Atlantic*, 11 de junio de 2020, https://www.theatlantic.com/health/archive/2020/06/why-suicide-rates-among-millennials-are-rising/612943/.

11 El *Señor de los Anillos: La Comunidad del Anillo*, 2001, dirigida por Peter Jackson, New Line Cinema.

Capítulo quinto: ¿Qué es la verdadera espiritualidad?

1 Francis Schaeffer, *La verdadera espiritualidad* (Wheaton, IL: Tyndale, 1971), 87.

2 John Piper, *God's Passion for His Glory: Living the Vision of Jonathan Edwards* (Wheaton, IL: Crossway, 1998), 41.

3 Michael Horton, *La fe cristiana: A Systematic Theology for Pilgrims on the Way* (Grand Rapids, MI: Zondervan, 2011), 405.

4 Catecismo de Heidelberg, Cuestión n° 26, "Dios Padre", consultado el 6 de septiembre de 2021, https://www.crcna.org/welcome/beliefs/confessions/heidelberg-catechism.

5 Martín Lutero, *Comentario sobre Gálatas,* cuarta edición (Grand Rapids, MI: Zondervan, nd), 20.

6 C. S. Lewis, *El peso de la gloria* (Grand Rapids, MI: Eerdmans, 1949), 38.

7 Stephen Smallman, *The Walk: Steps for New and Renewed Followers of Jesus* (Phillipsburg, NJ: P& R Publishing, 2009), 26. Énfasis añadido.

8 Elvina M. Hall, "Jesus Paid It All", copyright ©1865, dominio público.

9 Robert Robinson, "Come Thou Fount", copyright ©1758, dominio público.

10 Steve Brown, "Steve's Devotional-We Owe Love . . . Even WhenTreated Like Dirt", Key Life, 2 de marzo de 2020, https://www.keylife.org/articles/steves-devotional-we-owe-loveeven-when-treated-like-dirt/.

11 *Libro de Oración Común,* 1662.

Capítulo seis: Amazing Grace Land

1 Frances Schaeffer, *True Spirituality* (Wheaton, IL: Tyndale, 1971), 86-87.

2 Martín Lutero, *Obras de Lutero,* vol. 54, ed. Theodore G. Tappert (Minneapolis, MN: Fortress Press, 1967), 37. Theodore G. Tappert (Minneapolis, MN: Fortress Press, 1967), 37.

3 Steve Childers, *True Spirituality*, inédito.

4 Paul David Tripp, "Counseling Toward Repentance", (www.BuildingChurchLeaders.com, Christianity Today International, Carol Stream, IL) 2010), 6.

5 Steve Brown, *Born Free: How to Find Radical Freedom and Infectious Joy in an Authentic Faith* (Grand Rapids, MI: Baker, 1993), 157.

6 Schaeffer, *La verdadera espiritualidad*, 89.

7 A. W. Tozer, La *búsqueda de Dios* (Bloomington, MN: Bethany, 2013), 10.

8 Catecismo de Heidelberg, 1563, Pregunta y Respuesta nº 1, consultado el 6 de septiembre de 2021, https://www.crcna.org/welcome/beliefs/confessions/heidelberg-catechism.

9 *Braveheart*, guión escrito por Randall Wallace. Producida por Icon Productions y The Ladd Company, 1995.

10 Richard Lovelace, *Dynamics of Spiritual Life* (Downers Grove, IL: InterVarsity, 1979), 90.

11 C. S. Lewis, *Cartas de C. S. Lewis* (C. S. Lewis Pte. Ltd. y W. H. Lewis, 1966, 1988, https://www.biblegateway.com/devotionals/cs-lewis-daily/2018/04/13.

12 Thomas Chalmers, "The Expulsive Power of a Higher Affection", sermón pronunciado en 1830, dominio público.

Capítulo Siete: Agraciados una y otra y otra vez. . .

1 Ann Voskamp, *Mil dones: A Dare to Live Fully Right Where You Are* (Grand Rapids, MI: Zondervan, 2010), 17. Énfasis en el original.

2 Albert M. Wolters, *Creation Regained: Biblical Basics for a Reformational Worldview* (Grand Rapids, MI: Eerdmans, 2005), 125.

3 "Signs of Decline and Hope Among Key Metrics of Faith", Barna: State of the Church, 2020, consultado el 17 de diciembre de 20212, https://www.barna.com/research/changing-state-of-the-church/.

4 John Smed, *Prayer Revolution: Rebuilding Church and City Through Prayer (*Chicago: Moody, 2020), 37-38.

5 "Culto público del Día del Señor. Scripture Reading and Preaching", History of the Christian Church, consultado el 17 de diciembre de 2021, https://ccel.org/ccel/schaff/hcc3/hcc3.iii.x.xvii.html.

6 Martín Lutero, *Comentario de Lutero sobre Gálatas,* trad. Theodore Gradebner, cuarta ed. (Grand Rapids, MI: Zondervan, nd), 159.

7 J. I. Packer, *Los planes de Dios para ti* (Wheaton, IL: Crossway Books, 2001), np.

Capítulo octavo: De influido a influyente

1 Christopher Wright, *La misión del pueblo de Dios* (Grand Rapids, MI: Zondervan, 2010), 46.

Sobre el autor

Tom Wood es presidente de CMM, Inc. (Church Multiplication Ministries) y pionero de Mentor del Evangelio (Gospel Coaching). Obtuvo su doctorado en mentoría y lleva más de catorce años entrenando a líderes. CMM capacita a otros para que sean Mentores del Evangelio y asesora a las iglesias para que renueven su vitalidad a través de la gracia. Es autor de *Gospelling Life Together*, *Church Planter Field Manual* y coautor de *Gospel Coach*. Él y su esposa, Rachel, viven en Atlanta, Georgia. Tienen tres hijas, dos yernos y cuatro nietos.

Información sobre MMC

Church Multiplication Ministries (CMM) conecta de forma innovadora a líderes e iglesias con dinámicas de gracia vital, para que estén influidos por el Evangelio y sean influenciadores del Evangelio en todo el mundo. CMM es un ministerio apoyado por donantes que proporciona coaching evangélico, talleres de gracia vital, evaluaciones de la salud de la iglesia y recursos ricos en evangelio. Capacitamos a los líderes para que multipliquen el Evangelio en sus esferas de influencia.

Si desea información sobre Church Multiplication Ministries, póngase en contacto con nosotros en cmmnet.org.

For information about Church Multiplication Ministries, contact us at cmmnet.org.

Made in the USA
Columbia, SC
15 September 2024